SCHWARZER SOMMER

... DIE GESCHICHTE EINER HEILUNG ...

von
CONSTANZE BRETTHAUER

Impressum

Alle Rechte, insbesondere das Recht der Vervielfältigung und Verbreitung sowie der Übersetzung sind vorbehalten. Kein Teil des Werkes darf in irgendeiner Form ohne schriftlicher Genehmigung des Inhabers der Urheberrechte reproduziert oder unter Verwendung elektronischer Systeme gespeichert, verarbeitet, vervielfältigt oder verbreitet werden.

ISBN 978-3-7392-0241-9

Copyright für die deutsche Ausgabe:
© 2015 Constanze Bretthauer
Constanze Bretthauer
Hausbergstr. 23
61231 Bad Nauheim
Tel.: 06032 / 94 97 363
E-Mail: constanze.bretthauer@t-online.de
www.constanze-bretthauer.de

Textredaktion: Constanze Bretthauer

Titelbild: Constanze Bretthauer

Grafische Gestaltung: Janina Röhrig

Herstellung und Verlag: BoD - Books on Demand, Norderstedt

Bibliographische Information der Deutschen Bibliothek: Die Deutsche Bibliothek verzeichnet diese Publikation in der Deutschen Nationalbibliografie; detaillierte bibliographische Daten sind im Internet über < http://dnb.ddb.de> abrufbar.

Diese Geschichte ist keine Dokumentation,
und auch nicht im engeren Sinne autobiographisch zu verstehen.
Sondern ich versuche das für den Kopf
Unbegreifliche und Unaussprechliche,
innerer und auch äußerer
Transformations- und Transmutationsprozesse
des Menschen und seines Umfelds
durch Bilder und Poesie greifbar zu machen …

Diese Geschichte enthält »feurige« Schlüssel
für eine Flammentür im Innern eines jeden von uns …
Öffnen wir diese Tür,
können wir den Diamanten in uns freisetzen …

Es gibt eine uralte, zeitlose Lehre und Yogaform,
sie heißt Agni Yoga …
dabei verbinden wir uns mit unserem
uns innewohnenden Feuer …
dem Funken, der uns zurückträgt
in die feurige, schöpferische Urquelle

Anmerkung:
Es empfiehlt sich immer nur ein paar wenige Seiten zu lesen!

Vorwort

Diese Geschichte ist sozusagen der Anfang vom Ende ... und auch das Ende vor dem Anfang ...

Ich habe kreisende Krisen beschrieben, als Fallbeispiel einer Reiseroute, des Pfades, den eine Seele gegangen ist, um die Schallmauer der eigenen Illusionen und Verblendungen zu durchbrechen ...

Es ist der feurige, spiralige, kreative Prozess, in welchem wir uns aus diesen Irrungen und Wirrungen herauskatapultieren können.

Selbst durchlebt und aufgeschrieben, weil ich mir von Herzen wünsche, dass wir diese sehr schmerzhafte, scheinbar noch nötige Phase der menschlichen Weiterentwicklung gemeinsam verlassen werden. Sie nun als unnötig befinden, um endlich auf einem erweiterten Daseinsfeld gemeinsam anzukommen.

Die ganze Sinnlosigkeit des Leidens nimmt ein Ende, wenn wir uns gegenseitig wecken und erinnern WER wir wirklich sind.

Die Projektion der Schuld und die Schuldzuweisung zum Beispiel, binden unsere kreative Kraft, unsere Lebenskraft und unsere Lebensfreude so sehr, dass auf diese Weise verhindert wird, dass wir unser seelisches und schöpferisches Potential voll entfalten können.

Übernehmen wir aber Verantwortung für unser SEIN, finden wir Antworten auf unsere brennenden Fragen innerer Suche. Finden wir zunächst unsere tiefen, inneren „Herzensfragen", so finden wir auch zurück zu unserer Quelle, zu unserem Kern und zu unseren Potentialen.

Dann wird selbst die ausgesandte Idee, sowie der aktive Versuch, dass Schuld und projizierte Schuldgefühle unsere kreative Kraft binden könne, zur kraftlosen Idee werden, besonders für die mächtigen Zeitgenossen, die sich endlos durch die Idee der Schuld von unserer Lebenskraft ernähren konnten. Darum wird es Zeit.

Schuld, die Projektion von Schuldgefühlen und Schuldzuweisungen kreiert Hass, Angst, Rache, Manipulation, Bestrafung, Verdammnis, Machtmissbrauch, Streit, Krieg und Zerstörung.

Verantwortung wird das Schuldgefühl ersetzen. Die Kraft eine Antwort zu geben. Eine Antwort, eine eigene Antwort, die von jedem einzelnen von uns gegeben wird, eine die Veränderungen bewirkt in unserem Denken, Fühlen und Handeln.

Wir werden Worte finden, für etwas, das uns vorher die Sprache verschlagen hat. Auf diese Worte, die wir kraftvoll sprechen, folgen schließlich Taten und Lebensweisen, die wirklich sind.

Was auch immer es sein mag, das uns hat verstummen lassen, uns hat sprachlos werden lassen … es ist ein Teil unserer eigenen Geschichte. Geschichte ist das Vergangene, das Alte … es sind unsere Wurzeln, sowie auch unsere Wunden.

Das Vergangene, das Zukünftige und das Gegenwärtige, das Jetzt, die Zeit und auch der Raum ist das heilsame Brennglas, das uns schließlich zum Brennen bringt. Es ist ein Verbrennen von Schlacken, Schichten und Krusten, um den Diamanten in uns freizusetzen. Es ist ein heiliges und heilendes Feuer. Es ist die Flamme in uns, die wir zu einem Großbrand entfachen, wenn wir eine formlose, bedingungslose Liebe in uns entdecken, die unseren Verstand, unsere Vernunft, unsere Angst, unseren Tod … all unsere engen, spießigen Gedanken und Gefühle übersteigt. In diesem heiligen Feuer geben wir die freigesetzte, formlose Energie zurück ins „große Meer", in die große, feurige Schöpfungsquelle. Unseren Fußspuren folgt nun das wirkliche Leben.

Das echte, wirkliche Leben ist eine Liebesgeschichte … eine endlose Liebesgeschichte.

Schwarzer Sommer – die Geschichte einer Heilung

Schwarzer Sommer – Warum wir in der Liebe scheitern …

Fast ununterbrochen scheint die Sonne … und dennoch ist alles schwarz um mich herum, erinnert habe ich mich dabei an eine Zeit, sehr lang zurück.

Ich war 15 Jahre alt und meine Welt lag in Scherben. Es war Sommer.

Meine erste große Liebe war geplatzt, wie eine Seifenblase, die zu sehr geschillert hat.

Es ist jetzt wieder Sommer, Sommer 2013 … alles schwarz, verbrannte Träume, verbrannte Hoffnung … verbrannt und schwarz …

Warum haben wir nicht die Kraft weiter zu lieben, unsere Liebe zu geben, wenn es schwierig wird und weh tut? Das „Alte" tut so weh, die alten Geschichten … und dann paradoxer Weise auch die Träume und die Hoffnung … und schwarz liegt die Zukunft vor uns.

Lieber zerstören wir alles Schöne, Reine, Zarte und Starke als uns einfach nur zu verändern, zu ändern für eine bessere Welt und für die auch, die wir lieben.

Ohne es zu merken, zerstören wir uns selbst und gegenseitig, und leben dann tot weiter mit gegenseitig angeschwärzten Seelen in einem schwarzen, verbrannten Land ohne Namen …

Damals mit 15 hat alles begonnen. Der kalte Krieg mit meinem Ego hat begonnen und meine Suche hat begonnen.

Eine heiße „Sehnsucht" begann, nach etwas, was ich so nicht bekommen konnte …

Damals, wie auch heute, während meines Krieges mit dem Leben und dem Tod, im schwarzen, kalt – heißen Sommer, im schwarzen, verbrannten Land hat eine Frage mich hierbei auf diese Suche geschickt und stetig auf und ab bewegt: „Wie kommt diese immense Grausamkeit in unser Leben, und dabei all die schwarzen und dennoch unerkannten Löcher und Flecken in unsere Herzen?" Warum verkaufen und verraten wir unser Herz an Lebenslügen und Kleinheiten, nur damit unsere äußere Hülle überlebt? Warum erziehen und deformieren wir unsere Kinder, so, damit sie in klein- karierte, enge Raster passen? … und wo überhaupt ist diese große Liebe hin, aus der heraus wir … und mit dieser wir alle hierher gebracht wurden?" Wieso? … Wie? Wohin? Warum?

Angst, Angst, Angst hat alles wundervolle Leben ausgehaucht und die große Liebe in unseren Herzen vertrieben …
Alle rationalen, alle vernünftigen, alle gut gemeinten, alle mitfühlenden und auch alle spirituellen Antworten haben mir bis heute nicht wirklich gereicht …
Es ist nur das eigene, pulsierende Herzblut und der schleichende, aber sichere Verlust der Angst, der Angst, dass die „anderen" mich nicht verstehen könnten, das was mir reicht und das was mich befreit. Das ist das, was mir gereicht hat … es ist das, was mir reicht.

Es ist der Verlust der Angst vor Lächerlichkeit.
Es ist der Verlust der Verlustangst.
Es ist der Verlust der Angst verraten und verschachert zu werden.
Es ist der Verlust der Angst zerstört und vernichtet zu werden.

Verluste – Verluste die mich verändert haben … dafür hat es gereicht, mir gereicht.

Die panische Angst vor seelischem Schmerz wahnsinnig zu werden oder gar jenseits vom allgemeinen Sterben vernichtet zu werden, auch diese Angst kam mir Stück für Stück abhanden.
Das reicht … es reicht …

Es reicht von so manchem insgeheim milde belächelt zu werden, den Kalten, den Starren, den lebenden Toten, belächelt zu werden, weil das Herz so notdürftig ist in seiner Sehnsucht nach totaler und absoluter Liebe.
Es ist nun somit also auch das Ende gekommen, das Ende der Preisgabe des Herzens zur Lächerlichkeit und Nichtigkeit …
Diese Angst aufzugeben ist das Ende der Nichtigkeit …
Und es ist somit auch das Ende aller als gut gemeinten und getarnten Ratschläge, die nur als Entwertungen des eigenen Lebensziels und Lebenskerns dienen.
Es ist das Ende dieser unkenden „Stimmen" und Stimmungen in mir und dieser Stimmen, die ich dann auch im Außen antreffe.
Diese Schlussstriche und Beendigungen reichen, um sich zu verändern.
Nicht zu vergessen sind auch die Verluste der Angst vor Verurteilung und Bestrafung, bestraft zu werden bei jedem Schritt in die Herzensmitte und in die Freiheit.

Diese Angst bestraft zu werden, diese Angst zu verlieren, letztendlich, ist wichtig … damit es vollkommen reicht, endgültig reichen kann, endgültig und vollkommen reicht.

In diesem Spiel „da draußen" verziehen nur stolze, verblendete Egos das Gesicht und merken es nicht einmal. Sie merken, fühlen, sehen und wissen es nicht, belächeln noch, freuen sich über den Schmerz des anderen und halten es wohl für eine gerechte Strafe.
Nur das stolze, verblendete, gierige und rachsüchtige Ego in uns beneidet andere, hasst, verurteilt, bestraft und tötet, versucht das Herz in anderen zu töten und so töten wir unser eigenes Herz.
Der blutrote Herzfaden ist es aber doch, der uns zieht, der uns all das übersteigen läßt, was uns in Begrenzung versucht zu halten.

2013 grabe ich also das aus, was ich im Alter von 15 Jahren versucht habe zu begraben … meine tiefe und große Hoffnung, meine Freude, meine tiefe, große Liebe zu allen und allem. Auch grabe ich meinen inneren Dialog mit mir selbst aus … und ich höre und erhöre mein Herz, auch wenn es unsagbar weh tut … zunächst.

Der Sommer 2013 erhellt nun endlich die tiefe, innere Schwärze meiner Wunde und so beginnt mein eigenes unvergossenes, dennoch fließendes, rotes Blut – erneut – zu pulsieren.
Das Erhellte im Inneren hat mich diesmal diesen Brand überleben lassen, und es ist das, was mein Bewusstsein schärft … erhaben über alte und neue Lügen, Angst und Verrat …
Wie ein Messer ist es, ein Messer der Unterscheidung, das die Dornenranken vom Herzen trennt, die Dornenranken der Trauer, des Schmerzes, der Verzweiflung und der Hoffnungslosigkeit, trennt von mir.
Diese Trennung ist es, die mich schließlich hat überleben lassen. Es ist die Trennung von falschen Träumen, an denen das Herz so verzweifelt kleben und sich aus Angst, Schmerz und Wut heraus am falschen Feuer wärmen möchte. Jedoch nur, um schließlich am falschen Feuer zu verbrennen.
Endlich entdecke ich aber, dass ich das alles wohl selbst gemacht habe, die ganze Misere, sowie auch dieses Abtrennen, diese Trennung, so nötig um zu heilen.

Die endliche und notwendige Trennung vom falschen Glück ist das schrittweise Entfernen der Dornenranken, dieses Herausziehen alter rostiger Eisenteile und Dornen, genau dort wo das Blut pulst.
Alles andere fällt von selbst ab ... geht ...
Geht, geht vorüber an mir im Außen als hätte es mich nicht gekannt ... nie erkannt ...
Ganz nah bei mir selbst nur, bin ich bei allen nun ... ganz allein sehe ich mich, endlich allein gelassen in der Trennung vom Falschen ... in Ruhe gelassen!
Das Herausziehen alter, rostiger Pfeile aus dem Herzen ist es, das den Fall dann schließlich im Außen erledigt, korrigiert. Es ist ein Siegen ohne zu kämpfen. Ein geheimes Feuer, jenseits des überlebten Schmerzensschockes wird entfacht.
Eines, das nicht verbrennt.

Wenn der Schmerz sich transformiert, weil wir keinen Widerstand mehr leisten können, weil die Schmerzgrenze bei weitem überschritten wurde, wird die Illusion in die Transzendenz begleitet, damit sie sich auflöst ... die Illusion ... sowie auch der Schmerz sich auflösen wird.
So landen wir in einer Zeit, in einer Zeit zwischen der Zeit, in einer Zeitschleife und an einem Knotenpunkt, an dem alle Zeitlinien zusammen laufen, und es entsteht das Wahrnehmen von Zeitlosigkeit.
In diese Zeitlosigkeit „hineingerutscht", ausgelöst durch wahnsinnigen Schmerz habe ich sie wieder getroffen, meine „Himmelsläufer"... und habe versucht ganz deutlich zu zuhören.

Um hier gezielt anzukommen, den richtigen Sender finden zu können, müssen wir uns „verrücken", ohne verrückt zu werden, raus aus dem Kasten, dem Raster ... raus, die Schmerzenskreisläufe durchbrechen und schließlich, hoffentlich baldigst, ganz zu verlassen ... damit wir mit den Himmelsläufern reisen können, eine ekstatische Reise unternehmen können. Quer durch den Kosmos und zurück in unsere Zeit. Doch zuvor gilt es hinzuhören, genau hinzuhören.

Die „Himmelsläufer" sagen, wir alle hier reinigen unsere Körper mit Schmerz bis wir endgültig lebendig sind ... egal, egal wie lange das dauern mag.

Jeder von ihnen und jeder von uns hat seine eigene Geschichte, und sie sagen uns, dass dies gut und wertvoll ist.

Wir müssen diese großen Vorbilder, die Himmelsläufer, die leuchtenden Lebenden, die heiligen Geheilten, nicht imitieren um selbst gut, rein und pur und heil zu sein. Wir müssen nur wir selbst werden und unsere eigene Geschichte kennen.

Dabei glauben wir zuerst, wir werden verrückt vor Schmerz.

Lügen, Lebenslügen erschaffen Schmerz und es hilft nur raus aus dem Kasten, raus ans Licht, soweit raus bis wir endgültig verrückt, entrückt und verzückt sind.

Die Konfrontation der Seele mit der allgemein anerkannten, großen Lüge ist zunächst und zuerst wahrhaftig die Kreuzigung der Gefühle und es wird erst besser, wenn das Herz sich mit dem Kopf, mit dem Himmel verbindet … Verrückung, Entrückung und Verzückung.

Die Himmelsläufer sind die, die das ganz große Kreuz durch Transzendenz überwunden haben.

Das ganz große Kreuz, Nord, Ost, Süd und West und all diese Geschichten, den Raum, die Zeit überwunden haben, und auf der anderen Seite des Schmerzes angekommen sind.

Sie haben tief in den Geburtskanal hineingeschaut, haben die große Illusion verstanden und sind durch den Geburtskanal hindurch gewandert, den Geburtskanal, der in die transzendente Welt führt, den wandern sie hindurch … sind ihn hindurch gewandert.

Durch diesen Kanal können sie nun direkt, gezielt und bewusst vor und wieder zurück, jederzeit, jenseits von Zeit, in die Zeit und auch in unseren Raum … und von hier, dem Ort der unterschiedlichsten Kampfplätze, können sie jederzeit wieder zurück nach Hause.

Dort wo der Tunnel, der Kanal am tiefsten ist, sehen sie immer wieder das neue, alte, eine, ewige Licht, dem sie stets ohne Angst folgen, denn für sie wurde es zu einer Zeit, zu ihrer Zeit, einfach.

Einfach endlich diesen Schmerz zu übersteigen, und ihn für sich selbst zu verlieren … diesen Schmerz zu verlieren.

Sie kennen nur noch eine Art von Schmerz, den sie sehr wohl fühlen, und der sie zurück in unseren Raum und in unsere Zeit führt. Dieser Schmerz ist unser Schmerz.

In alle Abgründe des eigenen Schmerzes haben sie längst geschaut, um zu erkennen, dass dies wohl ihre eigene Geschichte war, ihre ganz und gar eigene, vergangene Geschichte.

So ist der Weg des Leidens und des Schmerzes in seiner Intensität und in seiner essentiellen Kraft, bei uns und auch bei ihnen, immer die gleiche, intensive Schmerzensgeschichte ... hat immer die gleiche Intensität.

Es ist das Überwinden des Konstruktes, der vielfältigen Konstrukte.

Es ist das, was wir haben konstruieren lassen und auch alle zusammen und selbst konstruiert, konzipiert und uns als Gefängnis mit Namen „Realität" eingerichtet haben. Dieses zu Überwinden ist es, was ihnen, den Himmelsläufern stets mit Leichtigkeit gelingt.

Es gelingt ihnen durch die Intensität und die Macht des einen, vereinten und wirklichen Lebens.

Das Leben, das hier gemeint ist, ist das Leben in dem man bewirkt, in dem man wirken kann ... die Wirklichkeit.

Mit dieser Kraft ist es leicht für sie zu durchschauen, die Illusion, in der wir noch bis ins kleinste Teilchen, sehr detailgetreu gefangen sind.

Dieses echte, ununterbrochene, eine wirkliche Leben kennt keinen Anfang und kein Ende, keine Zeit, keinen Raum ... es kennt nur zu jederzeit ein „Überall".

Auch die Zeit ist ein Konstrukt, paradoxer Weise ein sehr altes zwar, aber ein Konstrukt ähnlich einer Sanduhr.

Hier halten wir die Saat unseres Lebens in den Händen ... und sie zerrinnt, gefangen im Konstrukt, im Menschen – gemachten.

Erst jenseits dieser Zeit, unseres Zeitkonstruktes beginnt die Freiheit, die Erlösung aus all unseren Konstrukten, aus dem selbstgebauten Gefängnis.

In der Zeitlosigkeit, am Knotenpunkt aller Zeiten, in der Transzendenz können wir säen, die Herzenssaat säen ... dann nämlich, wenn das Herz sich mit dem Kopf verbindet, dann kreieren wir konstruktiv, sehr kreativ, das, was befreit von Konstrukten, von diesen, die uns gefangen halten und aussaugen.

Wir kreieren diese Wirklichkeit in tiefer, erhabener, erhebender Liebe, in Freude und in Ekstase, mit tiefer Voraussicht und Weisheit kreieren wir das wirklich – schöne Leben ...

Wir säen dort, auf zeitlosen Ebenen und könnten überall, auf allen Ebenen ernten – dann.

Woher kommen wir und wo gehen wir hin?

Ein kleiner Punkt aus Licht sind wir in unserer Essenz, ein Flämmchen, das sich erst in endloser Liebe ganz ausdehnt, brennt.

Dieser Punkt aus Licht, die Flamme, das Feuer, das wir sind, erreicht Transzendenz, kann übersteigen, kann diese Wand aus Stolpersteinen übersteigen … gelangt durch sein intensives Leuchten und Strahlen, durch sein Herzensfeuer auf alle Ebenen, berührt alles, entflammt alles, erlöst alles, nimmt alles, was selbst ein wenig zu leuchten beginnt mit auf seine Reise in die Unendlichkeit, mit in die wirkliche Wirklichkeit, in die Unsterblichkeit.

Jenseits von Tod finden wir die Himmelsläufer in ihrer ganzen Weisheit, in ihrem Mitgefühl, in ihrer Kraft und Schönheit.

Nun sind wir durch tausend Tode, die wir gestorben sind, Tode, körperlicher, seelischer und geistiger Natur, eins geworden mit ihnen. Unsere eigene Geschichte wurde zu ihrer, ihre Geschichte ist unsere.

Wir alle tragen eine echte, wirkliche Geschichte in uns, sowie auch die vielen Lebenslügen.

Ich beginne zu erzählen nun, und weiß, dass ich nicht mehr lügen kann.

Mich interessieren nicht die halbherzigen, kleinlichen, spießigen, hartherzigen, arroganten oder missgünstigen und blinden Urteile über mich und andere. Ich gehe nach Hause.

Doch wo ist dieses zuhause? Wo bin ich?

… und die Reise beginnt … Wo ist die Grosse Karawane? … die Karawane der Himmelsläufer? … so suche ich, um Anschluss zu finden.

Ich höre, höre, höre nur: Lerne dich kennen und freue dich über den Schatz, tief verborgen, verborgen findest du ihn, tief verborgen in deinem Innersten … es ist dein Eigentum.

Niemand kann es dir nehmen, verborgen findest du zurück nach Hause … ins „Überall".

Dehne dein Herz aus, dehne deine Flamme aus, verbinde dich mit dem Feuer ohne zu verbrennen.

Verbrennen ist eine bekannte Geschichte.

Vergebung ist das feurige Wasser deines Lebens.

Tränen, der Balsam, der deine alten Wunden heilt, vergib' allen, denn wir wussten alle nicht so genau was wir getan haben.

Alles nur Geschichten und alle alten, uralten Geschichten münden in eine große Erzählung, so wie alle Flüsse zum Meer fließen. So spricht der und die Eine, das Eine Großgewordene in uns allen, zu uns allen.

Hören wir zu? Wohin hören wir? Wohin lenken wir unsere Aufmerksamkeit und warum lenken wir uns beständig ab?

Wir haben Angst, Angst vor dem Feuer, unserem Feuer.

Solange der Dreck all der vielen Lebenslügen in uns verrottet, haben wir auch allen Grund dazu … denn dann verbrennt das Feuer diesen Dreck und es schmerzt auf besagten Stellen. Wenn unsere Empfindungen aber taub sind, dann ist der Tod an dieser Stelle schon eingezogen und das Feuer wird uns bald ganz verzehren.

Wir könnten es erkennen, erfühlen, wir könnten es sehen, doch was fühlen wir, wohin schauen wir, was denken wir? Warum lenken wir den Blick in die falsche Richtung, ins falsche Licht?

So werden wir geblendet und so verblenden wir.

Wir sind gefangen, wie wunderschöne, bunte Vögel in goldenen oder auch nur schmiedeeisernen Käfigen, selbst wenn jemand die Türe öffnet, sind wir immer noch so unter dem Schock der beständig angeblickten Gitterstäbe, dass wir entweder vergessen die Flügel auszubreiten, das Herz zu öffnen, oder wir fliegen geblendet gegen die erstbeste Mauer.

Die Käfige haben wohl dafür gesorgt, dass wir nichts mehr fühlen, fühlen wollen, nicht mehr denken und nichts Wirkliches mehr wollen. Lieber an Ort und Stelle sterben, die Flamme ist am Erlischen dann, und im Herzen sind wir abgestorben.

Oder, und das kommt auch vor, auf der bequemen und vergoldeten Käfigstange weiterkauernd, starren wir fassungslos auf eine Käfigtür, die Tür, die für uns immer geöffnet war und wir tun einfach gar nichts.

Plötzlich kann es aber passieren, dass wir Mut bekommen, durch einen erhabenen Blick ins Jenseits, jenseits dieser Tür, und so belebt sich dann das fast tote Vogelherz zu neuem Gesang.

So ist es immer wieder das Ziel dieses Seelenvogels dem Gefängnis zu entkommen … wunderschön hat er gesungen, gesungen von einem fernen Land, einer schöneren Zeit, einer anderen Ebene des Daseins.

Ja, er weiß es doch, hat es immer gewusst. Jetzt muss er nur noch glauben, dass er es weiß und auch fliegen kann und der Aufbruch wird gelingen.

Er muss aber auch glauben, dass er all dies wirklich selbst so wollte, die ganze lächerliche Geschichte so wollte, den Käfig, das Gefängnis, den Gesang, den Schock und die geöffnete Käfigtür. Wenn ihm dies gelingen

sollte, ist er schuldlos und gibt auch keinem anderen mehr die Schuld.
Warum Schuld? Die Geschichten der Käfige und Konstrukte sind die Geschichte der Schuld, der Beschuldigungen und der Verwirrungen, Verwechslungen und Verirrungen, sind das Verharren im goldenen Käfig, das Absitzen auf der Stange, das Fliegen gegen die nächst – beste Mauer.
Singt und fliegt der Seelenvogel aber endlich, findet seine Geschichte zurück zum Meer und über das Meer fliegt die Seele hinaus ins Überall.
Die Geschichte des Seelenvogels schwimmt weiter dahin, zurückgelassen im Meer wie ein Abbild, ein ganz eigener Plan. Diese uns ganz eigene Geschichte fließt aus dem Meer aller Geschichten, den Überlebensgeschichten. All die Geschichten kommen aus diesem Meer, gehen zu ihm zurück, und der Seelenvogel wird es nun mit kräftigen Flügelschlägen überqueren, um seinen Schmerz in die Transzendenz zu begleiten … weit, sehr weit entfernt sieht er die turmhohen Wellen des Meeres dann, die Gezeiten und die Seelen im Kampf … Überlebenskampf.
Nun ist er endlich ganz weit oben, dem Herz der Sonne so nah und in diesem Herzen ist ein mächtiges Feuer, das ihn nicht verbrennt, sondern nur Feuer mit Feuer vermischt.
Licht und Farbenglut … und auch sein Gesang ist von dort.
Sich selbst auflösen, will der Seelenvogel, sich auflösen im Licht, und vergessen, alles Vorherige vergessen im Gesang und dieser Glut, und denkt dabei an die Geschichte der Meerjungfrau.
Die Meerjungfrau, von der uns erzählt wurde, dass sie sich in Tränen und vor Schmerz zu Meerschaum verwandelt hat, und solange Meerschaum war, bis die Töchter der Lüfte sie mit auf die Reise nahmen, auf eine Dienstreise, am Dienste für die Menschheit, für Menschenkinder, groß und klein, eine Dienstreise am Dienste für den Seelenmenschen.
Der Seelenvogel denkt aber auch an den Prinzen, der den König im eigenen Herzen und seine Königsgemahlin nicht erkannte, sowie auch wir das große, allumfassende Ich mit dem falschen Ich, sowie mit der falschen Liebe verwechseln.
So enden wir als Bettler, ohne es zu wissen, wenn es um die eine große Liebe geht.
So sind unsere Geschichten.
Todtraurig und dennoch wunderschön … wunderschön am Ende erst, auch hier an diesem, unserem Ort, dem Käfig, dem Gefängnis, dem Kerkerloch … eigenartig und wunderschön am Ende, wenn wir durch unsere Sehnsucht nach dieser „einen Liebe", die Mauern und Wände

aller Kerker pulverisiert haben und der Wind, der Geist den Staub fort geblasen hat.

All dies verwandelt sich im Überflug, wenn wir fliegen lernen, mit dem „einen Herzen" fliegen lernen, und uns erheben über den Meerschaum hinweg, die Gezeiten überwindend, um aus der Kraft, die diese Erhebung gekostet hat, als der, der diese Erhebung gekostet, wir nur noch geben, was sonst keiner hat.

Ich fragte mich in der „Zwischenzeit", was es aber ist, was da vor Schmerz vergeht, wie Schaum auf dem Meer, was ist es für ein Schaum, den dieses Meer aufbäumt bis uns die Töchter der Lüfte und die Himmelsläufer hören, unsere Schmerzensschreie hören und wir ihre Flügelschläge über unsere Köpfe hinweg rauschen hören … ?

Wann werden wir uns gegenseitig erhören?

Was ist es, was sich aufbäumt, wie in einem Todeskampf in unserem Inneren?

Was und wer ist es, der in uns die falsche Liebe sucht, sich wehrt aus dem Innen heraus und mit dem Außen kämpft … ? Den Unterschied zwischen innen und außen so erst erschafft, in diesem Kampf, in dieser falschen Suche den Unterschied, die Trennung und die große Illusion bekämpft und ständig neu erschafft … ????

Aus der Tiefe, von tief innen kommt die Antwort, leise aber deutlich: „Es ist diese Illusion, die das falsche Verlangen und falsche Streben, die falschen Träume, die Verblendungen nährt und schließlich ist es das falsche Ich, das diese Illusion gebiert und wieder von ihr geboren wird. Es ist das falsche Ich, das kämpft mit seinem eigenen Schatten, und sich am glücklichen Ende selbst besiegt … und dabei Feuer nur mit Feuer mischt.

Formlos begegnen wir am Ende des Kampfes dem Einen Selbst, in uns selbst. Wir begegnen dem, der Sein Selbst über uns alle ergießt und sich immer wieder neu in diesem Feuer selbst verzehrt, sich in stets neuer Form, in stets neuen Formen in unseren neugeborenen Herzen in der Form selbst wieder findet, selbst erschafft.

So reist er, sie und das Kind formlos in unseren Herzen, um uns eine wunderschöne, immer neue Form zu geben.

So kommen wir und sie, die Himmelsläufer immer wieder zurück. Die Himmelsläufer tun dies freiwillig, auch sehen wir sie nicht. Sie kommen aus freiem Willen und gezielt tun sie es, und wir tun es, weil wir es zunächst noch müssen.

Wir sehen sie nicht, weil unsere Welt aus Wänden ist. Die Himmelsläufer aber können uns ganz nah kommen, durch unsere Wände gehen, weil Herz mit Herz verbunden ist.

Durch die Wände

Durch die Wände gehen? Wie tun sie das? Wie könnten wir? Könnten wir? Mauern durchbrechen? Wollten wir? Wo führt das hin?
Wunden überwinden.
Reicht es denn nicht, einfach nur die Illusion als eine Illusion zu verstehen? Aber welche jetzt? Ist es nicht idiotisch, sich damit abzufinden, was alle als Realität bezeichnen, nur um scheinbar wirklich frei von jeder Verblendung und glücklich in dieser verblendeten Realität zu werden?

Ist das Konstrukt, das zwanghafte, suggerierte und akzeptierte Konstrukt der allgemeinen und anerkannten Realität, ist es nicht das, was die eigentliche Illusion und Verblendung ist?

Eine aufgezwungene Realität ist ein Gefängnis, ein Kerkerloch, dunkel und ohne Aussicht, dunkel, finster und grausam ... auch wenn es viele schaffen, es sich in diesem Loch gemütlich zu machen.

Es „erscheint" uns in falschem Licht, das Kerkerloch, und als erstrebenswert und unser Aufenthalt dort gelingt uns im falschen Glauben, Streben und Wollen, auch.

Doch geht all die kostbare kreative Energie und Substanz an diesen falschen Ort, ins verbrannte Land ... ins finstere Loch, wird abgesaugt.

Diese Mauern durchbrechen, durch Wände gehen, ist hier im Loch, in diesem Raster, in diesem Kasten etwas für Verrückte.

Denn für uns Raster- Kerkerloch- und Kastenbewohner stellen sich vor den Mauern, den Wänden und der Idee des „Durchbruchs" immer wieder verbarrikadierende Fragen: Was bleibt dann noch verlässlich, wenn ich hier durch muss, durch mich, mein altbekanntes „ich" durch muss, und was ist dahinter?

Könnte es nicht noch schlimmer sein, ohne „schützende Mauern" um mich herum? ... ohne Kasten und Realitätsboxen um mich herum? ... ohne Schlacken um mein „Ich"?

Was ist ohne wohl bekannte Mauern, Wände, Trennwände, Raster, ohne starre Regeln, ohne fremd – kreierte Gesetzmäßigkeiten noch real? ... und wer sind wir denn dann noch, ohne diese gewohnte Limitierung, ohne diese finster – vertraute Realität?

Wer ist das „Ich"? Wann bin ich „Ich", wo, wie und warum?

Und doch: Ist nicht die einzige Wirklichkeit, Wahrheit und das Leben selbst, im Herzen zu finden? Herz verbindet Herz ... Ich mit Ich

… Du und Ich … Ich und Du!
Wir hören, wenn wir hinhören, dass es das Herz ist. Es ist das Herz, das spricht.
Es ist das Herz, das alles verbindet.
Dies eine Herz, das alle Herzen beinhaltet, umspannt, liebt und beheimatet ist es, das die wirkliche Wirklichkeit kreiert.
Doch was kreieren „wir" in der Zwischenzeit, in der wir nicht lieben und nicht unsere Herzen spüren, nicht auf unser vereinigendes Herz hören?
Es ist das, was wir schon immer kreiert haben und immer wieder neu kreieren, mit stumpfen Sinnen. Es ist das, was wir bis heute als Realität „da draußen", in diesem finsteren und großen, im dunklen und kalten Loch, in unserem gemeinsamen Kerkerloch immer wieder neu als Realität akzeptiert haben, kreiert und akzeptiert haben, ohne Liebe, ohne Sein, ohne Saft und Kraft, ohne Leben.
Im finsteren Loch ist es schrecklich „normal" zu sagen „Ich liebe Dich", ohne wirklich zu wissen, was es ist … und ohne es zu fühlen.
Denn auch für die Liebe gibt es allgemeingültige Vorstellungen und Verhaltensregeln. Es genügt, wenn wir dem Anschein nach lieben, lieb und gut sind, nett sind … und bitte und danke sehr sagen zu unserer Mitwelt. So sind wir auch schon auf der sicheren Seite, in bester Gesellschaft, denn nun öffnet das Loch seine dunkle Pforte, um uns in der Illusion einzukerkern.
Was ist diese und jene Liebe? … und was ist diese „eine große, erste und einzige Liebe"? Diese eine Liebe bewegt uns ins „Überall", bewegt „Alles".
Wir verstehen es, wenn wir die Angst immer mehr verlieren. Wir erleben es.
Wir erleben, können diese „eine Liebe" nur erleben, leben, wenn wir die Schmerz- und Angstattacken überleben lernen.
Dieser Mut ist es, den wir erlernen am Ende hier, der, der letzten Fratze in die Fratze schaut und dahinter die Schönheit sieht.
Die eine Liebe bewegt uns überall hin, durch Zeiten und Räume, durch die große Illusion hindurch, durch die Mauern, durch die Dimensionen und vor allen Dingen raus, raus aus unserem Kerkerloch, dieses welches wir Realität nennen.
Hier bleibt keine Frage offen.
Diese eine wirkliche Liebe ist es wert dafür zu leben, zu kämpfen und dafür zu sterben.

Wenn nur ein paar wenige etwas mehr und tiefer lieben könnten – wollten – wäre die Realität für viele hier eine andere und bessere.

Der Kampf wäre ein Spiel.

Der Tod, der Tod im Leben, der davor und der danach, und der im Überleben und im Leben selbst, wäre nur noch die Eintrittskarte in ein viel größeres Leben ... ein endloses Leben ... ein endloses Bündnis endlos Liebender.

Wir alle wären endlos, sind endlos, wenn wir es nur wüssten, alle Seelen, zusammen und ungetrennt ... dennoch große Vielfalt und Einzigartigkeit, große Kraft erst dadurch, große Liebe erst dadurch.

Endloses Licht ... Sound ... Farbe ... alle Farben .... endlos ...

Ohne Anfang und ohne Ende wunderbar, kraftvoll ... unendliche Glut, unendliches Feuer ... Ausdehnung, die Reisen beginnen, der Flug der Seelen ... widerstandsloses Gleiten über tiefe Abgründe, eintauchen in das Glühen und Leuchten der Farben an neuen Himmeln, Dimensionsschmelze im Klang und Ton, Vorbeirauschen aller Zeiten. Das Erzählen aller Geschichten durch den großen Erzähler, gleichzeitig ... gleichzeitig tönt es durch alle Räume und öffnet die Sicht auf „Feurige Pforten".

Ekstase jenseits unserer Sinne ... niemals, jemals solchen Gesang gehört, solche Schönheit gesehen.

Endlose Vibration, pulsierende Schöpfung.

Zurückgekehrt, und nur noch eine Ahnung davon, eine Ahnung davon, eine die antreibt.

Eine, die Mauern, Kerkerlöcher, Bretterbuden, Wände und Mauern zusammenkrachen lässt, pulverisiert ... ausatmet ... einatmet ... Wind erzeugt, den Staub ins große Feuer bläst.

Aus dem Staub gemacht

Aus dem Staub ganz neu gemacht, wieder, und wieder gefunden im Labyrinth der Bretterbuden, Kastensysteme, Rastergitter, Kerkerlöcher und Irrgärten, erneut … und nur, oder aber die Erinnerung bleibt … innen. Die Erinnerung ist tief innen.

Herz, Herztöne und Herzfarben zeigen die neue Reiseroute auf, malen dir eine Landkarte, singen dir die Navigation deiner Seele ins Ohr.

Jedoch beginnt die Flamme zu zittern, wenn wir mit ihrem Licht ausnahmslos nach außen leuchten. Wir vergessen. Wir vergessen, was wir auf unserer Reise zuvor gesehen haben, gefühlt haben, erlebt und erkannt haben. Wir vergessen wer wir sind.

Jedoch, wir vergessen nicht wirklich, und wenn wir beginnen uns zu erinnern, erleuchtet unsere innere Flamme die dunkle, traurige Welt da draußen.

Brennen, ohne zu verbrennen, erhellen ohne zu blenden.

Selbst nicht verharren im Loch, im Kerkerloch oder im goldenen, bequemen Käfig.

Abfinden aus Angst, absitzen, ausharren, einlullen ist zu wenig und ist der Vertrag mit dem Tod im Leben. Alles leider viel zu wenig.

Das große Licht, das große Feuer teilen, rauslocken aus den Bretterbuden, den goldenen Käfigen, Kerkerlöchern, rauslocken aus den Rastern und falschen Konstrukten.

Gibt es hier Konstrukte, die nicht falsch sind?

Wir konstruieren, bauen Raster und Gerüste emsig, fleißig, beständig und ohne es zu merken. Nicht alle sind falsch, nicht schlecht.

Wir konstruieren selbst und ständig. Das ist gut.

Wichtig finde ich, wir sollten es merken, beobachten, verändern. Verändern, wenn das Konstrukt ausgedient hat. Wir leben nicht für Konstrukte, Muster, Strukturen, Raster. Wir erschaffen sie, um zu erfahren, hier im Stoff.

Ich liebe Strukturen, Gerüste, Blaupausen und Baupläne, wenn sie flexibel sind und wandelbar, und wenn sie dennoch deutlich und greifbar sind, intensiv, und trotzdem flexibel.

Deine und meine Seele ist Feuer. Erlaube dir nicht und auch nicht anderen dich vom Feuer abzutrennen. Viele Wege führen weg von dir … weg von mir … weg von uns.

Folge dem Pfad, der nach Hause führt, folge einem Plan, deinem Seelenplan, dem großen Plan.

Das Mysterium einer gigantischen, inneren Sehnsucht … die große Kraft, die diese Sehnsucht freisetzt, setzt dich unter Starkstrom, treibt dich weiter, weiter voran auf dieser Reise, dieser Sehnsuche. So erfühlen und erahnen wir unseren Seelenplan, schließlich.

Erkennst du ihn, folgst du ihm. Er zieht dich … der Pfad, der Weg findet dich.

Manchmal werden wir erst gefunden, wenn es finstere Nacht im Kerkerloch ist.

Der große Plan schlägt ein wie ein Blitz, schlägt ein und fährt durch dein ganzes System, gefolgt von einer Serie von Schocks, die unsere Verblendungen, unsere Eitelkeit und unser Ego, unser kleinmütiges, feiges, scheinheiliges und mittelmäßiges Selbst vertreiben.

Letztendlich stirbt das Ego und du darfst es überleben.

Und so schreie ich, so schreien wir … als wäre es unser letzter Hilfeschrei, denken alles ist verloren, schreien in einen schwarzen Kosmos, ein letztes Mal, denke ich noch …

Dennoch, denke ich und denke ich noch?

Wo und wer bin ich? Aufgelöst im Schmerz beobachte ich mich von außen und bin außer mir, höre mir selbst zu, der, die da schreit vor Schmerz … und später dann vor Wut.

„Das Feuer, das jetzt hier einzieht, braucht deinen ganzen Willen", höre ich, höre ich und habe es schon einmal und noch viel öfter als nur einmal gehört, erinnere ich mich.

Ich bin nicht allein … und schon gar nicht in diesem zerreißenden Schmerz, das weiß ich. Gnade ist es ……… Begnadigung … begnadigt werden wir in diesem Wahnsinnsschmerz.

Wie tief ist meine Liebe nun? Tiefer, zunehmend tiefer …

Ich will lieben ohne Unterbrechung. Diese Liebe braucht meinen ganzen Willen. Dieser Wille braucht meine ganze Liebe.

Höher, weiter … hier ganz raus … dorthin. Wie kann ich mir sicher sein?

Das geht nicht, ich kann mir nicht sicher sein, denn ich muss weitergehen, die ganze Auflösung, und auch die Auflösung all der vielen Lebensrätsel und Lügen in Etappen durchstehen.

So muss ich bleiben, hier bleiben, vom Blitz getroffen und aufstehen, alle alten Schmerzensschlacken abschütteln, vertikal verbunden laufe ich weiter, meine Käfigtür ist offen, ich renne, beeile mich die horizontalen Markierungslinien zu durchqueren.

Schmerz dient uns auf diesem Pfad solange, bis wir wirkliche Liebe, wirkende Liebe, Weisheit, Kraft und die Macht erlangen, den Fokus „oben" zu halten, egal was um uns herum passiert. Die Käfigtür ist offen.
Eine Freude ist es, Barrikaden, Raster und Mauern, die ausgedient haben, zu pulverisieren. Feuer! … das Feuer nur mit Feuer mischt!
Das ist das Mysterium der Sehnsucht nach mehr, nach Wirklichkeit und Wahrheit. Es ist das Streben nach Glück, Licht, Liebe und Großartigkeit einer so ganz anderen Welt.
Diese riesige, mysteriöse Sehnsucht ruft alles Wundervolle als Wirklichkeit ins Leben, und kann uns doch so maßlos auch zugrunde richten Was für eine Sehnsucht ist das doch. Alles wird auf den Plan gerufen, das große Drama, der Taumel der Manifestationen. Alle machen mit und die meisten verstehen nicht einmal warum.
Dieses … es ist sowieso schon alles viel zu viel, es ist zuviel ein – und auszuatmen und die Konsequenzen zu tragen.
Jedoch ist es diese Sehnsucht, die bis jetzt ungestillt blieb, diese, die wie Feuer auf der Seele brennt und doch nur Feuer mit Feuer mischt.
Diese riesige, mysteriöse Sehnsucht, die wir brennend erleiden, ist ein heilendes und reinigendes Feuer, das Schlacken verbrennt, uns reinigt und pur macht.
Wir leiden und verbrennen uns am Feuer, das die Liebe ist, solange bis wir als Ursache die Wirkung angenommen haben.
Liebe ist noch mehr als Glück, Liebe ist Gnade. Wie oft sind wir schon sitzen geblieben, auf der vergoldeten Käfigstange, wenn es um die Lebens- und Liebesschule ging, alles wiederholt sich bis uns schlecht wird von den zyklischen Egoumdrehungen. Uns wird solange schlecht werden, bis es uns gelingt in die Mitte des Sturmes vorzudringen.
Diese Sturmesmitte ist der Friede inmitten des Taumels aller Manifestationen und Realitäten, Friede mit und im Tanz der Kreationen. Das Leben ist ein gigantischer Liebesakt, der alles Unwesentliche verschlingt und verzehrt.
Die letzte Angst, ist die Angst des kleinen Selbst, das Angst hat verschlungen zu werden, zurück zu müssen in den großen kosmischen Schoß.
Der Sprung in dieses Feuer verbrennt nur das falsche ich.
Danach bittet dich, den Gereinigten, die Welt erneut zur Kasse, hin zu den Herausforderungen der Selbstlosigkeit und des Dienstes an deinem Nächsten …

Aus Schmerz ist nun Ekstase geworden, du schöpfst mit vollen Händen aus der Fülle.

Schmerz an seinem tiefsten Punkt bewirkt, dass wir loslassen können, unser kleines, falsches Selbst loslassen können.

Dieser tiefe Schmerz nun, verwandelt sich rhythmisch, Schritt für Schritt in Freude, Kreativität und Ekstase.

Hier ist Kampf und Krieg zu Ende, selbst wenn der Kampf und Krieg um uns herum noch so verzweifelt toben mag. Wir sind da und in unserer Wirbelmitte, in der Mitte der Sturmspirale kehren sich alle destruktiven Pfeile herum und verkehren sich in ihr Gegenteil.

Wahrhaft, Friede sei mit dir … wahrhaft, in der Sturmesmitte ist endlich Frieden.

Doch nur, wenn wir in äußerster Anstrengung all unseren Mut aufbringen, um mit unserem ach' so kleinen Lebensboot unseren Lebenssturm bis zur Mitte durchqueren, dann ist Friede mit uns und in uns!

Frieden, nicht unbedingt um auf einer rosa Wolke Hallelujah zu singen.

Nein. Frieden, damit wir uns erneut selbst riskieren, in erneuter leidenschaftlicher, wissender Abenteuerlust und Risikobereitschaft, um die mit auf die Reise zu nehmen, die schon brennen, darauf brennen.

Es ist unser Lebenssturm, den wir mutig bis zur Sturmesmitte durchqueren müssen, unseren deswegen, weil wir ihn selbst kreiert haben. Erkennen wir dies, denn das ist der erste Schritt zum Sieg, so ist der Mut, den wir für diesen Frieden aufbringen müssen, um ihn zu erlangen, keine Waghalsigkeit mehr. Denn bis wir diese Mitte erreicht haben, wird dieser Sturm beständig stärker. Auf nichts können wir uns auf den späteren Etappen dieser Reise mehr verlassen, nur auf das, dass dieser Sturm immer stärker wird.

Uns selbst besiegen, das müssen wir, damit Ruhe ist, den kleinen aufmüpfigen Zwerg in uns zur Vernunft bringen und ihn zu seiner Abreise ans Ende dieser Zeit überreden.

Den winzigkleinen Zwerg, der einen Riesenaufstand macht, um endlich im „Raum" gesehen zu werden, der muss gnädig zu dieser Abreise bewegt werden.

Der Schaffensdrang der Zwerge ist der Lärm der Welt, der Lärm unserer ratternden und sinnlosen Konstrukte.

Phönix aus der Asche ... 2014

Rede ich nun wieder selbst von mir, in endlosen Selbstgesprächen und in der Hoffnung stets, dass mich ein anderes Selbst hört ... nicht eins in mir, sondern eins da draußen ...
Ich bin mir sicher, dass ich gehört werde, denn ich bin „laut", ich bin lauter geworden, noch viel lauter geworden und ich bin deutlich geworden.
Hört und versteht mich, denn welchen Sinn macht es sonst, sich ständig selbst auszugraben, ich mich und ihr euch ... uns gegenseitig aus der Gruft zu holen? Was nützt es uns sonst vor Leidenschaft zu zerfließen, zu verbrennen und die Reise mutig und weiterhin im Sturm, hin zur Sturmesmitte zu unternehmen?

Verbrannt, verbrannte Zwerge im verbrannten Land, so steht er, unser Phönix, auf, unser Phönix, unser Selbst, das eine multiple Selbst ... und fliegt, fliegt und sieht unter sich schwarz, verbrannt, durchlitten und zerstört, dass was nach der Abreise der verbrannten Zwerge übrig geblieben ist.
Ein Wirbel aus Staub und Asche ist dieser Sturm ... hier hinein in die Mitte soll er fliegen?
Ist es sein eigener Schmerz, diese endlose Trauer?
Doch ja, er hat eine „Erinnerung". All das ist in seinem Inneren selbst, ganz tief eingeprägt, das hat er selbst erlebt und selbst erlitten ...
Er erinnert sich und fühlt es, weiß es, kennt den Weg.
Mut und Furchtlosigkeit ist keine Leistung und kein Wagnis mehr für ihn, sondern nur der nächste Atemzug und der Sturm, den sein Atem erzeugt, wenn er ein- und ausatmet.
Der Phönix wirbelt die Asche auf, bläst sie fort mit heißem, brennendem Atem, tränenden Augen und reinigt damit alles, was mit ihm in Berührung kommt.
Sind die Zwerge erst fort, erwachen die Könige und Königinnen ... stehen auf, erleben eine besondere Art der Auferstehung.
Sie erheben sich aus ihrer Gruft und in der Zwischenzeit ist der große, befreite Seelenvogel, der Phönix, der brennende Engel aus ihren Käfigen befreit.

Fliegend finden wir ihn über unseren Köpfen im frischen Wind, dem Sturm, dem großen Seelenhauch, den, den der große Phönix mit seiner Erhebung hinweg über die Königsköpfe erzeugt.

Frei, frei fliegend ... schwebend in den großen Sturm hinein und hinaus, diesen Sturm erzeugend, fliegt der große Seelenvogel, Phönix aus der Asche, rein in die Asche, durch die Asche, raus aus der Asche. Sein Gesang ist der Weckruf, der die große allgemeine Auferstehung einläutet.
„Tote raus aus der Gruft, Kranke steht auf von eurem Krankenlager."
Auch die unverbesserlichsten Schlafmützen werden jetzt wach, kommen raus ans Licht, lauschen dem Gesang des großen Phönix, denn er singt.
Ein neues Lebensjahr heraufbeschwörend, werden wir durch den Phönix eingeschworen zu tanzen, zu neuen Rhythmen zu tanzen, zu singen.
Es ist ein heiliger Tanz, ein heiliger Flug, ein heiliger Gesang, heilend, heilend und neu ... uralt und unerhört ungehört.
Genau hinhören, damit ihr den Brand überlebt, fliegen lernt, fliegen mit den Himmelsläufern, den Phönixen. Raus aus der Asche, raus aus dem Käfig, dem Kasten, dem Raster ... raus aus unserer Matrize, raus aus der Matrix.
Verstehen, wie man den alten Speicher knackt und diese verhassten Abspeicherungen ein für allemal löscht, ist das Ziel! Wie geht das?
Die Schnauze voll haben, ist der erste intensive Schritt Richtung Abflug. Es geht aber doch nicht wirklich, wenn wir diese alten Abspeicherungen hassen, ja das ist wahr ... aber so zu tun als wären wir über diesem Gefühl, hilft auch nicht.
Hören und verstehen, fühlen, von allen Seiten alles betrachten, ganz so als würde man schon fliegen, unterschiedliche Perspektiven im Flug und Anflug einnehmen, gleichmütig betrachten, losgelöst und inspiriert aus erweiterter Sicht und in ausgedehnter, großmütiger, fühlender und mitfühlender Seele, das Neue, das Beste dann kreieren, erschaffen. Das ist es!
In diesem Sinne den alten Speicher behandeln und verwandeln, mit neuer, erweiterter Sichtweise erfüllen, mit Feuer aufladen, mit Strom, der Elektrizität eines höheren Ranges, einem Feuer, das das erschafft, was unendliches, unsterbliches Leben ist.
In Ekstase, in der Magie alles verbindender Liebe, höchster Kreativität, die alles Destruktive, allen Hass, alle Angst, allen Schmerz, Verzweiflung, Minderwertigkeitsgefühle und Leid auslöscht, so verwandelt sich der alte

Speicher schließlich, verwandelt sich die alte Matrize, die Matrix, das Spinnennetz, das den Schmetterling zerstört.

Der feurige Schmetterling, das von Dornen befreite Herz und der brennende Engel sind eins geworden. Der Seelenvogel fliegt, die Schaum – geborene Jungfrau erhebt sich aus dem Schmerzensmeer und fliegt, und jeder der sich darin selbst erkennt, fliegt mit der Phönixgleichen nach Hause und zurück auf die Reise, denn die Jungfrau ist eine Reisebegleiterin, die die Seelenvögel zum Fliegen inspiriert.

Der Vater – Muttergott erwartet uns in den Flammen niemals endender Kreativität, Schaffenskraft, die endlich endlose Schönheit und Liebe in großer Freiheit und Ekstase als eine neue Wahrheit, eine neue Realität für uns alle auf den Plan ruft.

So kommen wir nach Hause und fliegen erneut hinaus, um die Feuervögel einzusammeln, aufzurufen ... zum Abflug zu ermutigen, um uns gemeinsam mit ihnen zu erheben, und sie zu lehren oben zu bleiben ... Balance zu halten oben in der Luft, in der Höhe.

Im Sturm dann, über das Meer fliegend, nach zu Schaumgewordenen Meerjungfrauen Ausschau haltend, erteilen wir verirrten und verwirrten Prinzen und falschen Prinzessinnen feurige Lektionen, damit auch sie sich in Raum und Zeit auf die Sehnsuche begeben nach dem Schatz, dem brennenden Engel, dem befreiten Herz, dem feurigen Schmetterling.

Wir lehren sie nach wirklicher Größe zu suchen und wir lehren sie ihre verloren geglaubte Königswürde zu finden.

Dann geht es ab, und auf zu ungeahnten Höhen und unsere gemeinsamen, vereinten Flammen erzeugen ein feuriges Flammenmeer, eine ungeahnte Farbenpracht.

Ekstase, die Töne erzeugt, die sich dennoch schneller durch Raum und Zeit bewegt wie Schall und Licht ... Ekstase, die die Kraft und Macht hat alles Dunkle zu erlösen, wird mit uns sein.

Feurige Leidenschaft, die alles Leiden überwindet und die jenseits unserer herkömmlichen Erkenntnis, mächtig, magisch, magnetisch und elektrisch ist, eine Leidenschaft, in deren Mitte der göttliche Wille wohnt eine Leidenschaft aus der heraus alles Leben pulst, wird mit uns sein.

Ein Wille, der alles Leiden und allen Irrtum vergeben und überwunden hat, wird mit uns sein.

Rückblicke: SHIVA – Berlin 1999

Wir, egal wie klein wir uns im Moment noch fühlen mögen, wir evolvieren. Wir entwickeln uns, wir werden „großartig". Seit Aeonen werden wir geboren, seit Aeonen sterben wir, auf die eine oder andere Art. Durch die Natur und die Jahreszeiten verändert sich das Gesicht des Planeten ständig. Durch die großen Jahreszeiten des Universums aber werden wir alle bewusst oder unbewusst erschüttert bis in unsere Zellen. Wir sind alle „eingebunden", eingewoben in ein großes Ganzes. Gerade durch dieses Eingebunden - Sein ist unsere Macht, unsere Kraft viel größer als es unsere Egodünkel zu lassen. Wir, die Menschheit, wir gehen durch Veränderungen. Unser menschliches Kleinsein mag diesen Wachstumsprozess nicht. Dabei wird's uns übel, und wir haben von der Ausdehnung unseres Bewusstseins Gliederschmerzen bekommen. Das heißt, das Ego, das Kleinsein möchte an seinen falschen Selbstbildern, an seinen falschen Ich's festhalten bis zum letzten Moment, wie ein Ertrinkender an einem Stück Holz in der Sturmflut. Das ist der ganz alltägliche Wahnsinn. Hier ist kein Platz für Zukunftsvisionen, geschweige denn für Schöpferkraft und Kreativität ... sprich' Evolution.

Hier ist nicht nur die Evolution von ihrer materiellen Seite betrachtet, sondern eine Evolution im Ganzen gemeint, eine von allen Seiten, Perspektiven betrachtete, alles Geistige, Seelische und in seinem Kern Wesentliche ist hier an dieser Stelle in die Betrachtung mit eingeschlossen.

Ansonsten ist Evolution eine einseitige Angelegenheit, eine die uns wieder einmal mehr jegliche Kreativität und eigene Schöpferkraft abspricht. Mit welchem Recht? Warum sind wir so limitiert und halten immer noch viel zu sehr an der Formseite der Evolution fest?

Warum kastrieren wir uns selbst so sehr???

Hier entsteht Stagnation. Ist es nun endlich soweit, dass wir geistig und seelisch feststecken, greift ein übergeordnetes Prinzip ein, nennen wir es ein göttliches Prinzip.

Dies sind allerdings nur Worte, Begriffe, Modelle ... Versuche.

Göttliches, Gott, das Wesentliche lässt sich damit nicht einfangen und festmachen. Doch meine Intention ist es, die Worte so zu benutzen, dass sie nicht einengen, sondern inspirieren eigene geistige Energie, Überlegungen, Gedanken über Gott, das „Wesentliche aller Dinge" ins „Netz", ins große Feld zu senden. Möge es mir gelingen ...

Zurück zum übergeordneten Prinzip, zurück zu Gott, denke ich manchmal an die alten Hindus und an Shiva.

Hier ist er nun ... endlich. Der, der eingreift wie auch der germanische Donnergott eingreift, wenn's schon fast zu spät ist, greift er ein. Shiva ist Schöpfung und Zerstörung ... Geburt und Tod.

Wenn wir bei der Stagnation ankommen, folgt die Zerstörung ... aber nur damit der darauf folgende Geburtsprozess eingeleitet werden kann. Wir wissen, dass unser Leben in Zyklen verläuft. Doch gewisse Zyklen, wie zum Beispiel Krisen, Alter, Tod und Zerstörung, das wollen wir nicht. Diese unerwünschten Zyklen erinnern uns daran, dass das falsche Ich auch sterben wird. Was dann kommt, weiß nur Shiva allein.

In rasender Ekstase, in einem heiligen Liebesakt mit seinem eigenen shivanischen Schatten, gebärt er sie ... sie alle ... sich selbst auch, und stirbt, verschmilzt anschließend auf dem Höhepunkt kosmischer Raserei und wird geboren in eine neue Welt... Das ist ALLES.

Ich möchte hier an dieser Stelle daran erinnern, dass dies poetische Assoziationen, innere Bilder und Intuitionen sind, die gänzlich ungeeignet sind, um einen Glaubenskrieg und sonstige Diskussionen und verstandesmäßige Überlegungen vom Zaun zu brechen. Hier geht's also nicht um richtig und falsch, nicht um Religion, nicht um Hinduismus, Christentum, Islam, Buddhismus oder das Judentum ... und auch nicht um wissenschaftliche Beweise, was Evolution zu sein hat.

Soweit es aber aus dem Hinduismus überliefert, und von uns hier im Westen richtig interpretiert wurde, ist Shiva der „erste" Gott der Hindus gewesen, aus dem heraus sich eine ganze Götterfamilie gründete. Es ist ein passendes Symbol für alles, was wir seit Menschengedenken erleben. Shiva ist Schöpfer und Zerstörer in einem Gott vereinheitlicht. Der Anfang und das Ende, das Ende aller Zeiten und Räume und vor allen Dingen das Ende der Träume ...... der falschen Träume.

Das Ende der Illusionen ... und darum liebe ich ihn so.

Er hat die Kraft und die Macht die Form zu erschaffen, die Form zu „beseelen", einen Schleier über letzte Geheimnisse zu legen, Illusionen zu kreieren, um uns im „letzten Moment" diesen Schleier von den Augen zu reißen, wenn unsere Zeit aufzuwachen gekommen ist.

Wir erwachen nun, besiegt vom Skorpionstachel des Todes, besiegt durch das Schwert des Todesengels, der unser Ego hinweg geschlachtet hat, um uns das gleißende, ekstatische, orgastische Licht zu zeigen, in dem wir in ewiger Zeit „vereint" getanzt haben ...... schon längst.

Wir verlieren in diesem Auflösungsprozess nichts, nur unser Ego, die Maske, das falsche Ich, den Schleier, die Lüge und die Wunde ... all dies verliert an Faszination.

Zunächst stehen wir dann da, mit nichts, pur. Wir stehen da mit nichts und in diesem NICHTS wird plötzlich alles möglich.

So kehren wir zurück nach Hause in die Schöpferkraft, sind erschaffen und erschaffen „shivanisch" einen „Neuen Morgen"... die Zukunft.

ALLES was ist, ist neu und immer schon gewesen.

Das ist alles.

Bedingt durch diese gigantischen Kernschmelzen kosmischer Zeugung, der Geburt und des Todes, ist Shiva in uns.

Man könnte diese rhythmischen, zyklischen Kernschmelzen, wenn man wollte als das SHIVA - PRINZIP in uns bezeichnen.

Es wirkt in uns, es schöpft in uns, es gebärt in uns, es ist kreativ in uns, es zerstört in uns und es stirbt in uns. Es „wirft" uns in einen „neuen Zyklus", wieder und immer wieder.

Wenn es uns gelingt den Dingen auf den Grund zu gehen, die wir an uns und in unserem Leben verändern wollen, aktivieren wir dieses Prinzip.

Das Bestreben nach Veränderung, zieht zuerst die Zerstörung der alten Form mit sich. Dabei sind wir mit dem Zerstöreraspekt Shivas verbunden.

Poetisch formuliert, könnte man sagen, wir leuchten mit dem „zornigen Auge" Gottes auf unseren Schatten, der dann im Liebesakt nur, die Kernschmelze ermöglicht, den Tod des Egos.

Die zornige Vereinigung mit dem Schatten gebärt ein „neues, erleuchtendes Licht", großes Feuer und größeres Licht, Liebeslicht, Liebeskraft … Kosmisches Feuer.

Wir bringen so, dieses Licht, diese Kraft, diese Liebe in die dunklen Ecken und Speicher unseres Wesens. Wir räumen auf. Unsere Speicher weiten sich aus. Wir haben mehr Kapazität. Aber für was ?

Für Kontakte mit „höheren Bewusstseinsebenen", solchen die der Strickleiter des Verstandes entkommen sind.

Auf dieser Leiter, über den Verstand hinaus, sind wir mühsam heraufgeklettert, zeitlebens. Aber ab jetzt fühlen wir das Feuer, die Blitze, das Magma, den Stoff mit dem wir das bauen können, das, was das schlechte Drama ablöst. Endlich sind wir fähig und können dies für uns und alle anderen gestalten, das was den Tod unserer Egos überdauert.

Wir können Brücken bauen, Lücken füllen. Wir verstärken Schritt für Schritt den Kontakt mit unserem höheren Selbst, einem wundervollen Wesen solaren Ursprungs, einem Engel in uns, einem solaren Wesen, mit dem wir durch intensive Transformations- und Transmutationsprozesse eines Tages, in unbestimmter Zukunft dann gänzlich verschmelzen werden.

Dann irgendwann entfliegt der Engel wieder, aus seinem Käfig, dem nun geöffneten Herzen in uns, als ein noch feurigeres Wesen. Er hinterlässt sein göttliches Abbild als eine Erweiterung Gottes in uns, der sich auf diese Weise ständig multipliziert und potenziert.

Dies ist also der Vorgang unserer ganz individuellen Kernschmelze mit dem Engel, die Hochzeit im Himmel, die Vereinigung mit unserem „höheren Selbst", unserem solaren Engel, unserem wahren Bräutigam, unserer wahren Braut … ein Spiegelbild, das die richtige Seite in uns zum Vorschein bringt, ein Licht, das keinen Schatten wirft, eine Liebe ohne Hass, Bedingungslosigkeit als „höchste Form der Leidenschaft."

Diese göttliche Kraft „ist" einfach, ist einfach äußerst wertvoll, denn nun werden wir „ganz" SEIN … wir selbst sein, losgelöst vom Zwang der Bedingungen in uns und um uns herum.

Wir als Person „heilen" endlich … auf mehren Ebenen, nicht nur äußerlich.

Wirkliche, tiefe Heilung, Erneuerung, Transformation und Transmutation wird in unserem Leben wirksam, wenn der Prozess des „Erkennens", des „Sehens" beginnt.

Was sagt uns das Spiegelbild der Welt, was sagen uns die Konstellationen unseres Lebens, „unser Spiegelbild", das sich selbst erkennt „in allem was ist", was sagt es uns???

Es sagt uns, dass es nicht nur der äußerliche Kampf mit dem Schwert ist, der mit der Kraft des Herkules die Medusa besiegt und das Medusenhaupt abschlägt.

Es sagt uns, dass wir zuerst den Spiegel brauchen, so dass das Prinzip des Grauens sich selbst sehen kann und sich selbst besiegt.

Und wie besiegt es sich durch das Sehen? Es hält für einen Augenblick endlich „still", es ist im Schock erstarrt, weil es sich selbst „sieht". Wir sehen uns selbst, unsere Abart, die Abart unserer eigenen Kreation ... die Abart in diesem unseren Spiel und Spiegelbild ...

Hier beginnt nun der Kampf, ein heiliger, heilender, innerer Kampf in „uns" und „jetzt" brauchen wir das Schwert für einen sauberen Schnitt, der die alte Form ablöst und erlöst. Ein Herkulesakt ...

Ein Akt des Herkules in dem Herkules, der als Held sein glänzendes Schild benutzte als schockendes Spiegelbild für das Medusengespenst, sowie er auch schließlich sein Schwert benutzte, um die Menschheit mit einem „Hieb" vom Medusenmonster zu erlösen.

An dieser Stelle möchte ich noch einen Denkanstoss aus dem SUNZI, der Kunst des Krieges anführen. Einen Denkanstoss, der da sagt: „Wenn Du den Feind und Dich selbst kennst, brauchst Du den Ausgang von 100 Schlachten nicht zu fürchten. Wenn Du weder den Feind noch Dich selbst kennst, wirst Du in jeder Schlacht unterliegen".

Es gibt aber auch die Aussage, dass man manchmal eine oder vielleicht sogar mehrere Schlachten verlieren muss, um einen Krieg zu gewinnen.

Meist geht einer machtvollen Schöpfung eine gewaltige Zerstörung voraus.

Aber gibt es denn nicht einen Weg diese Erfahrung von Krieg und Kampf auf dem dreidimensionalen Feld, auf dem Erfahrungsfeld unseres Lebens abzukürzen?

Ich denke es gibt diesen Weg, den Weg unser persönliches und kollektives Karma zu überwinden. Es ist der Weg sich mit diesem Karma zu „konfrontieren" und nicht vor sich herschieben und zu projizieren, alles auf andere zu projizieren, Schuld zu projizieren und Verantwortung weg zu schieben. Am Ende der Ereigniskette steht jeder selbst als Auslöser all seiner Erfahrungen.

Wir konfrontieren Karma, um endlich durchlässig zu werden für den Energiefluss der Gnade. Gnade ist jenseits von Karma.

Was ist die Substanz der Gnade? Die Substanz der Gnade entströmt aus dem feurigen Auge, aus dem Auge durch das der gnadenvolle Energiestrom der Erkenntniskraft fließt.

Er ist wie ein Laserstrahl, der verwandelt hat, bevor wir handeln. Dies ist umfassende Gnade und dies ist die Abkürzung. So ist der alte Film gelöscht, das alte Drama - Karma überwunden.

Im Prozess des Erkennens verabschieden wir uns also vom alten Bühnenstück als schlechte Schauspieler und traurige Clowns, wir erklären die alten Tonbänder und Filme, die weiterhin ablaufen wollen für „ungültig".

Wir geben unser „Sichtfeld" frei, frei für die Vision einer leuchtenden, liebevollen und kraftvollen Zukunft. Tun wir das, ist es die Seele, das Selbst, das höhere Selbst, das die dazugehörigen Attribute liefert.

Damit wären wir beim nächsten Millennium angelangt, hier wird der andere Aspekt Shivas tätig. Es entsteht Schöpferkraft, Kreativität ... ein „neues Experiment", ein neues Abenteuer.

Dieser Weg findet dich. Er findet dich manchmal erst, wenn es schon finstere Nacht um dich geworden ist.

Diese Zeilen sind für dich geschrieben, um dir zu sagen, dass du nicht verloren bist, noch bist du allein.

Vielleicht ist dies die letzte dunkle Nacht deiner Seele und der letzte Hilfeschrei im Kosmos, den du in Verzweiflung geschrien hast.

Du sollst hiermit wissen, dass es da draußen im Licht, im „Feuer" Wesen gibt, die deiner harren.

Wenn du glaubst, dass es für dich schon fast zu spät ist, bist du genau richtig.

Du bist hiermit gefunden, wenn du willst.

Dieses Feuer, dieses Feuer, das deiner Seele entströmen soll, braucht deinen ganzen Willen. Den Willen zu lieben ohne Pause.

Im Grunde meine ich eine Liebe, die als eine freie Kraft, ein freier Energiestrom durch das ganze Universum pulst und strömt und alles zusammenhält. Heute halte ich das für eine letzte große Wahrheit, eine die uns befreit und uns ihrer somit würdig macht. Selbst wenn du alleine bist, allein gelassen wirst in deiner Sehnsucht nach Liebe, ist genau diese Liebe überall gegenwärtig. Diese Wahrheit ist genau diese Liebe, ist Freiheit und Schönheit, ist Ekstase.

In ihrer letzten Konsequenz, ein ekstatisches Leben ist diese Wahrheit und die zuletzt erkannte Realität. Wir haben uns alle gegenseitig belogen. Wir wurden belogen, haben uns belügen lassen und haben uns selbst belogen. War es die Angst, die uns eine falsche Realität vorgegaukelt hat? Ist es die Angst, die unsere Sinne verdunkelt und uns nach falschen Zielen streben lässt?

1982 ... Gedichte und Texte

Ich möchte mich hier erinnern an eine Zeit, in der ich in jungen Jahren, versucht habe alles in eine gewisse Poesie zu tauchen, vermutlich auch um es hier im harten Stoff, im Konstrukt – in unserer allgemein anerkannten Realität erträglicher für mich zu machen. Ich habe folgendes in meine Tagebücher geschrieben:

„Wer wegen seiner Liebe Feinde hat, ist ein Verräter, wenn er diese Liebe schwächt. Wir müssen sie schützen und rein halten, sonst sind wir dem Seelentod ausgeliefert. Wir heucheln uns jeden Tag Kampf und Hass zu, Kampf und Hass haben unsere Seelen nicht zusammen gebracht ... sondern wir haben unsere Herzenstüren für den Hass dieser Welt aufgerissen". Mit einer Macht die Dunkles erhellt, wird Hass und Missgunst erbleichen und schüchtern und klein werden."

Weiter in diesem Jahrzehnte alten Tagebuch habe ich folgende Gedichte gefunden:

„Augen, die sehen, Hände, die flehen ...
Der Wind wird sie verwehen ...
Wo ist das Gewicht?
Wer hat ein Gesicht?
Ein Leben gelebt oder nur ans Ziel, ans Ende gestrebt?

Ich erinnere mich beim Lesen, der nun folgenden und nächsten Zeilen aus diesem Tagebuch, dass ich diese Gedichte geschrieben habe, weil ich sie als eine Abfolge innerer Bilder wahrgenommen habe, wie einen alten, zum Teil uralten Film, welcher in mir gespeichert war. Gleichzeitig hatte ich beim Schreiben auch stets das Gefühl, dass es eine „Präsenz" gab, in mir und um mich herum, die größer und mächtiger war als ich selbst. So habe ich dann folgende Worte gefunden:

„Schmerz ohne Tränen"

Als Nero herrschte wurde sein Schwarz zu rotem Blut …
Die Städte brannten.
Immer versuchten die Menschen ihre Körper zu retten ohne ihren Geist.
Es musste gestorben werden.

Horch auf die Laute der Tiere.
Ihre Bewegungen …
Sieh die Adern der Pflanzen.
Verwelken und wieder erblühen.
Es ist ein ewiger Kreislauf.

Stimmen sprechen,
sprechen viele Sprachen …
… und die Menschen gehen dahin.
Ohne zu sehen und zu hören,
auch fühlen sie nichts.

Lass dein Leid auf deinem Weg.
Es verwirrt dich.
Es ist bestimmt vom „Großen Ganzen".
Lass uns nun dieses Spiel spielen.
Lass uns auch Menschen sein, die es nicht verstehen …
… aber lass uns lieben …

Ich will geben, geben, geben.
Bitte gib' mir.
Ich brauche das Blut in meinem Herzen.
… zum Schlagen …
… im Rhythmus …
… mit dieser Zeit …
… im Einklang …
… und der Wind weht, weht meine Sorgen fort,
    fort zu seinem eigenen, einem anderen Ort.

Wirklich

Erfüllt es mit Schmerz …
Schmerz in deinem Herz.
Herz muss aufwärts.
Und überall sind wir.
Ohne uns alle ist niemand.

Die Kinder in Biafra

Wenn ich euch ganz wirklich in meinem Leben sehen würde,
ich würde euch geben … mein letztes Hemd …
… bis ich nackt bin in meiner Leidenschaft.

Sehe ich euch diesmal nicht, kann ich nur denken
und leiden an meinem eigenen Leben …
Es ist eins so gut und falsch wie das andere.

Denn ich suchte euch … euch auf dieser Strasse.
Der weiten Strasse des wilden Blutes, ihr Zigeuner, Kinder,
Ihr Kinder auf der Strasse … auf der Strasse von Biafra.

Ich fand euch nicht …
Ich fand die Stadt … die Stadt in der ich überlebe …

Wirklichkeit

Im Lichten wirken, kannst du auch nicht wirklich …
Wirklichkeit und Dunkelheit versteckt die Zeit.

Annehmen

Nehme an es gäbe keine Zeiten, keine Monate und Jahre …
Jahrzehnte …
Nur immer wieder Tag und Nacht …
… und auch das Morgengrauen wäre nicht mehr grau …
Könntest sicher verstehen, dass du alles und nichts bist.

Polare Sonne

Du bist trotzdem da.
Deine Strahlen durchscheinen das stumme Eis.
Du Geduldige.

Du bist da so heiß, wo sonst nur Sand und Staub ist.
Du Einsame.

Auf was wartest du?
Du Verspielte?

Eis wird Wasser in brennendem Sandstaub gespült.
Du polare Sonne bist an Polen und in der Mitte Sonne.
Du Sonne der Erde des Spiels …

Eigentlich

Im Feuer sah ich zwei Augen.
Es war nur Kohlenglut.

Im Feuer sah ich die Tränen eines Gesichtes.
Es waren nur Flammen.

Ich lief fort bis der Rauch des Feuers mich in den dunklen Wald trieb.

Ich sah Gestalten und Wesen im Kampf am Körper.
Die Macht.
Ich weinte und wollte zurück zur Wärme des Feuers.
Ich lief … und sah, dass das Feuer erloschen war … nur noch Asche.
Ich legte mich auf die erloschene Feuerstelle und
träumte von Augen und Tränen.
Von Wesen im Kampf und von der Macht.
Vom Laufen und Träumen.

Ich träumte und erwachte nicht.
Denn ich war wirklich.
Im wirklichen Feuer wirkte ich …

Dankbar

Dankbar für dieses Erdenspektakel.
Dankbar, denn darin ist der Sinn verborgen nur.
… in diesem Zauber.

Dankbar bin ich dir, der Mutter … der Natur … der Erde.
Mutter im Kosmos … Mutter des Kosmos … deinem Vater …
Deiner Mutter.
Dankbar für deine Kinder …
Dankbar für deinen Mann … dankbar all unseren Ahnen.

Sonne, Mond und Sterne … Kosmos

Dankbar für die Liebe.
Dankbar für den Hass.

Du führst uns wie Blinde ins Dunkel und dann schließlich
und endlich ins Licht.

Dankbar, denn nur durch dich lerne ich langsam zu sehen.
Dankbar, denn ich fühle warum ich weiß.
Dankbar, denn ich weiß warum ich fühle.

Der Schleier der Unentrinnbarkeit

… wirft sich auf dich hernieder.
… sucht dich im Schatten.
… und findet dich im Licht.

Tust du es, so gibt es kein Entkommen.
Tust du es nicht, bist du verdammt bis in deine Zellen.

Erkenne deine Zellen.
Zellen der immer wiederkehrenden Vielschichtigkeit.

Mehre und erlöse sie.
Mehre und erlöse sie unter dem Schleier der Unentrinnbarkeit.

Schauplatz

Identifikationen rasen durch das All.
… und werden Mensch.

Sie schaukeln in der Wiege.
… und werden ohne ihr Wissen auf dem Rummelplatz
des Lebens als Los verkauft.

Allschwarz

… trägt alle Farben.
Wechselt sie und vertauscht sie, macht sie unsichtbar.
Lässt sie plötzlich wieder auftauchen.
So, als ob man meinte, es wäre schwarz.

Ferne

Einen Vogel, den du in deinem Käfig spazieren trägst,
zeigt dein eigenes Gefängnis.
Seinen Gesang findest du schön.

Du verstehst ihn nicht.
Es ist das Trauergeläut auf dein fernes Sterben hin.

Du verstehst ihn nicht.
Gibst ihm Muschelkalk, damit er sich seinen Schnabel schärfen kann.

Erstaunlich, denn plötzlich meinst du dem Vogel
geht es schlechter wie dir.
Dennoch – er wird nicht sterben.
Denn der Vogel hört nicht zu singen auf.

Öffne dein Herz für seine fernen Töne,
dann wirst du eine Sprache mit ihm finden.
So kannst du mit ihm fliegen.

Begehrlich

Begehrlich langen deine kleinen Finger nach tausendsüßen Früchten.
Begehrlich wirst du sein, weil tausendsüße Früchte giftig sind.
Giftig sind sie, werden sie sagen, die schmerzverzehrten Mütter.
Ahnen wirst du es, Geheimnisse ... ihre Tragweite ...

Begehrlich wirst du zu den Frauen ... zu den Männern gehen.
... und tausendsüße Früchte essen.
Weinen werden sie, die Frauen ...
... und sagen: „Giftig sind sie, die tausendsüßen Früchte"
Sie werden so dann, wie ihre schmerzverzehrten Mütter sein.

Hier unterbreche ich die Gedichtsammlung, um weitere Texte einzufügen, die ich kurz vor 2000 in Berlin geschrieben habe. Es war eine Phase der Flucht, eine Flucht vor der Identifikation mit dem Frau – sein, und doch Identifikationen suchend als Geliebte und allein erziehende Mutter. Eine gnadenlose Phase der Transformation, eine gnadenlose Suche, eine verzweifelte Fortsetzung meiner großen Sehnsuche nicht gnadenloser als in ganz jungen Jahren, jedoch in ihrem Potential der Einsamkeit gnadenlos genug ...

Die Mutter – Berlin 1998/1999/2000

Jenseits des Schmerzes und der Verblendung des getrotzten Mutterbildes, dem Hohne deutscher Vergangenheit, gibt es sie ... den Archetypen archaischer, weiblicher Macht und Urgewalt. Nur irgendwie ganz anders, es ist aber dennoch die Macht der Gebärerin.

Was bis heute daraus geworden ist, ist nichts anderes als Bestrafung.

Gewissermaßen beschneidet man auf diesem Planeten nicht nur jüdische Jungs und afrikanische Jungfrauen, sondern Beschneidungskunst lebt auch in unserer westlichen Welt weiter, auf einer subtileren Ebene.

Manchmal frage ich mich, wie sehr sich die Welt als Ganzes gegenseitig und gegengeschlechtlich beschneidet ... und warum dieses Theater trotz besseren Wissens auf beiden Seiten dennoch fortbesteht.

Von einigen ganz, ganz Schlauen wurde dieses ganz speziell einzigartige Theater doch schon vielfach durchschaut.

Verantwortung ist ein Teil jeder kreativen Kraft, Teil der Schöpferkraft. Verantwortung ist Macht. Wenn einer allein aber die ganze Verantwortung tragen will oder muss, alles „machen" will oder muss, ist kein Platz mehr für „Feinstofflicheres" ... und es bleibt ihm allein der Genuss des Rotierenden im „groben Stoff". Das macht unsere Gesellschaft frigide und impotent.

Wir werden genau genommen irgendwann gezwungen völlig unverantwortlich zu werden, weil wir unter der Last angeraffter oder abgegebener Verantwortung zusammenbrechen.

Der Mann wird zum mächtigen Macher nach außen hin und die Frau zum Dekor, zum Schmuckstück, das sich falsche Emotionen leisten darf.

Uns allen fehlt die echte Emotion, die treibende Kraft, die den Geist übersetzt und die Materie sinnvoll und im Rhythmus des Universums steuert.

Doch wir möchten dennoch glauben Emotionen zu haben, denn die „Gefühlsapparatur" registriert weiterhin Sensationen. Die Frage ist bloß, wo die denn wohl herkommen mögen. Diese „Sensationelle Emotion", die dann an uns kleben bleibt, ist eine sich verselbständigende Substanz, die nicht vom Feinsten kommt, sondern ein grobes, spinnenartiges Konstrukt ist sie, ein Konstrukt, das den Solarplexus aufputscht, dann aussaugt und das Herz und Hirn verstopft ... um Mann und Frau gleichermaßen auszusaugen.

Das „Konstrukt", das Programm der „falschen Iche" beinhaltet neben anderen selbst verleugnenden Kontrollstationen noch eine erwähnenswerte, Gesellschaft- kodierende Behaviourkomponente, die die eigentliche, kolossale Show weitergehen lässt.

Mit dieser Show meine ich die komplette Illusion der Welt, die Welt in der wir leben.

Während die Show läuft, weint die Ur-Mutter, in Mann und Frau gleichermaßen.

Das ist nicht die Welt, die sie geboren hat. Das ist ein Mutant indem nur die Illusion überlebt.

Warum sollte sie all jene Töchter weiterhin in der Illusion unterstützen, dieser Illusion, die Töchter dorthin gehend erzogen hat, dass sie sich auf die verschiedensten Arten prostituieren? ... und warum sollte sie zuschauen wie ihre Söhne weiterhin im Groben rotieren?

Hat die „Mutter der Welt" nicht gelegentlich die Schnauze voll?

Falls meine Schwestern nicht wissen sollten, wie ich das mit der Prostitution meine, liegt das wohl daran, dass wir vergessen haben uns selbst zu beobachten.

Verstehen wir es jetzt?

Fragt sich die Ur-Mutter nicht gelegentlich, warum ihre Söhne so blöde und verblendet sein können, zu glauben, dass wirklich sie alleine es waren, die diese Welt der Mutanten gemacht haben? ... oder haben sie es wirklich alleine gemacht, was noch viel blöder ist???

Fragt sie sich nicht ohne Unterbrechung, in unserem illusionären Zeitrahmen, wie man so blind sein kann, das mit wirklicher Macht zu verwechseln?

Wer war aber dann so „mächtig" diese Illusion zu kreieren? Alle und keiner ... ?

Diese rotierende, illusionäre Welt, an die wir gelernt haben zu glauben, gibt es nicht wirklich. Diese Welt gibt es nicht, weil sie jegliche Substanz entbehren muss.

Es könnte allerdings sein, dass es diese Welt in ihrer illusionären Form für dich gibt, weil du den Fehler machst und es glaubst.

Und nun taucht eine essentielle Frage auf: Wer bist du, wenn es die große Illusion nicht gibt?

Adam, Eva, Apfel oder gar die Schlange? Shiva, Shakti ... Maya, die große Illusion selbst?

Wer bist du, dass du dich für so unschuldig oder so schuldig hältst?

Du bist, egal ob männlich oder weiblich, ein Kind der Mutter aus der alles Leben kam. Alles Leben ist Schöpfung. Du bist nicht schuldig, noch unschuldig. Du bist so mächtig wie die große Mutter, die uns alle geboren hat.

Du bist die mächtige Idee des Vaters.

In dir ist in einem winzigen Fünkchen schöpfender Liebesglut die Macht zweier Archetypen gelegt, die in fortdauernder, ekstatischer Vereinigung ohne Unterbrechung zeugen und gebären.

So singt dir die Mutter ihr Schöpfungslied in die Gene, das ist es, was dich dann hier „unten" tatsächlich mächtig werden lässt.

Doch die Macht, die wir bis jetzt demonstriert haben, ist nichts anderes als Ohnmacht.

Dennoch und immer wieder, während Vater und Mutter eins sind, erzählt ihr Geist Geschichten. Deine und meine Geschichte.

Aus ihren vereinten, geistigen Körpern treten Sturzbäche kosmischer Energiefäden aus, die alles zeugen, sich lieben, gebären, alles nähren, ordnen, versorgen.

Denn sie, diese beiden sind alles was ist … sie sind alles was du bist.

Wer bist Du?

Die Macht bedingungsloser Liebe

Du und ich, wenn wir Seele sind, für uns ist es selbstverständlich zu lieben und zwar bedingungslos ... aber nur wenn wir „Seele" sind. Das Ego ist im besten Fall verliebt und wenn es so richtig Pech hat, total geblendet.

Das, was uns abhält bedingungslos zu lieben, ist hauptsächlich Angst, Wut und Schmerz und die Macht der daraus resultierenden Muster und Zwänge.

Dunkle Kräfte, die aus dem Ego kommen, kreieren dann die Lüge, die uns einflüstert, dass wir nicht die Seele sind, sondern das Lügenkonstrukt des Egos, das bedürftige Etwas, das abhängig ist von der Welt der Lügen und Verstrickungen.

Damit fangen wir an den König mit dem Sklaven zu verwechseln.

Das Ego wird somit erst lebendig, kreativ und mächtig auf Kosten der Seele. Daran stirbt die Menschheit seit Jahrtausenden.

Schmerz dient uns nur solange als Bote „inneren Wachstums" und zur Erkenntnis, bis wir die Weisheit und die Liebe entwickelt haben und die Kraft und die Macht haben, unseren Fokus lange genug „oben" zu halten, distanziert das bunte Treiben zu betrachten, das die dreidimensionale Welt kreiert, und die Liebe, Weisheit und Kraft haben, distanziert zu sein, selbst gegenüber eigenen, persönlichen Belangen.

Hiermit ist keine Nachlässigkeit und Gleichgültigkeit gemeint, sondern hier wird das Fundament skizziert das höchste Beteiligung, Intensität jenseits von Verstrickung erlaubt. „Schauen" wir endlich aus der Seelenperspektive, dann erkennen wir was wir vorher durch schmerzverzerrten, verengten und ängstlichen Blickwinkel nicht erkennen konnten.

Aus der Perspektive der Seele, von oben, „sehen" wir mehr. Die Seele ist Höhe, Weite und sogar Tiefe, das Selbst ist allumfassend, bedingungslose Liebe, Ekstase, Wahrheit, Freiheit, unendlicher Glanz und Schönheit.

Das Selbst, das was wir werden und das, was wir im Grunde schon sind, ist die letzte Heilung, läuterndes, verzehrendes Feuer, das all unsere Lügen, Ängste, Begierden, unseren Hass, all unsere Schmerzen tilgt, wenn wir darin ganz und gar verschmelzen.

Es ist jedoch vorerst genug daran zu arbeiten, Tag für Tag mehr und mehr Seele zu sein, um weise und liebevoll zu handeln, liebevoller gegenüber uns selbst und anderen. Diese Liebe hat dann aber tatsächlich nichts mehr mit Verstrickung, Gefühlsduselei, Wehleidigkeit, Selbstmitleid und klebriger Emotionalität zu tun. Die Seele präsentiert und demonstriert durch ihre losgelöste und erweiterte Perspektive, natürlicherweise die Kraft und die Macht bedingungsloser Liebe.

Wir werden paradoxerweise erst durch bedingungslose Liebe klar genug sein können, um uns nicht mehr einfangen zu lassen von Mitleiderheischenden Gesten und diversen anderen Egospielen. Unsere Gedanken, unsere Gefühle und Taten erreichen eine Tragweite und Dimension, die unseren vorherigen Bewusstseinszustand bei weitem überflügeln. Dies bringt eine Intensität in unser Leben, die wir uns aus der Perspektive des Egos, des Opfers gar nicht erst vorstellen konnten.

Das wahre Leben kommt nicht aus der Macht, der Dichte und dem Gefängnis des Egos. Intensität, das wahre Leben kommt ausschließlich aus der Seele.

Das Ego, das Opfer und der Täter sind ein und dasselbe – eine Illusion.

Das Leiden und das limitierte, enge, angstbesetzte Leben, das diese Trinität kreiert, Ego – Opfer und Täter, ist scheinbar intensiv genug, um uns glauben zu lassen, dass wir leben.

Diese Art Leben ist, wenn wir aus der Perspektive der Seele schauen, irgendwann einmal nicht mehr intensiv genug, sondern einfach nur tragisch und komisch. Wir sind, selbst wenn wir als Ego, Opfer oder Täter die eine oder andere Trophäe, Medaille oder Auszeichnung für unsere Verdienste in dieser illusionären Welt, auf die eine oder andere Art und Weise erheischen, als Opfer oder als Täter, in der dreidimensionalen Arena der Schmerzen, keine Helden. In diesem unedlen Kampf sind wir allesamt nur traurige Clowns.

Die Leidenschaft aber, die aus der Seele kommt, hat es geschafft, selbst im Leiden nicht mehr zu leiden … so gesehen begleitet die Leidenschaft der Seele das Leiden in die Transzendenz.

Wie entwickelt man den dazugehörigen, erweiterten Bewusstseinszustand?

Ist es nicht paradox im Leiden nicht zu leiden – sondern vielleicht sogar noch zu lieben und zwar bedingungslos? Dann hat Leiden keine persönlichen Qualitäten mehr, sondern verweilt auf einer eher abstrakten Ebene und wird nur durch uns fließen, abfließen in den Ozean der ganz eigenen Geschichten getränkten Leids und „unpersönlich" als eine Energieform, gereinigt … wertfrei … wird das Leid, sowie auch die Lust. Die persönliche, anhaftende Leidenschaft wird verarbeitet und als Katapult in eine höhere Bewusstseinsebene benutzt.

Ein langer Weg, ein hartes Training spiritueller Tugenden, jedoch freudvoll in ihren Qualitäten, die irgendwann zu eigenen Seelenkräften werden, erweitern unser Bewusstsein, so dass für uns das Paradoxe etwas darstellt, was völlig logisch und natürlich wird, und keinerlei Erklärung und Verharmlosung mehr bedarf.

Es ist somit auch klar, wer hier leidet. Es ist nicht die Seele. Es ist das Ego, das „falsche Selbst", sowie allerhöchstens die drei Persönlichkeitsvehikel, der physische, der emotionale und der mentale Körper. Diese Erkenntnis macht es uns leichter, uns vom Leiden unserer Körper zu distanzieren, ja es sogar aufzulösen, denn wir wissen ja, dass wir die Seele sind und nicht das Ego, und wir sind auch nicht unsere physischen, emotionalen und mentalen Körper.

Jedoch als Seele sind wir dankbar für unsere Körper, für unsere Werkzeuge. Wir lernen sie erst als Seele wertzuschätzen und richtig zu behandeln, zu pflegen und zu lieben.

Die Kraft, die Macht, die bedingungslose Liebe, die Weisheit, die Intensität und das Leben, das Leben, das aus der Seele kommt, macht uns unsterblich und verwandelt uns, durch und durch, Schritt für Schritt, durch Arbeit, Alltag, Schmerz, Schweiß, Tränen, Stunde für Stunde, Tag für Tag, Jahr für Jahr, Leben für Leben.

Unglaubliche Selbstüberwindung bringt uns endlich irgendwann dazu ganz und gar dieses Selbst zu werden, ein Selbst zu werden, eins zu werden, eins zu sein mit dem Einen Selbst, jenseits von begrifflicher Definierbarkeit.

Was ist es was bleibt, nach dieser Kernschmelze?

Ist es vielleicht ein Ozean bedingungsloser Liebe, ein mächtiges, ekstatisches und einziges Wesen aus vielen Teilen, vergleichbar mit der Unendlichkeit des Universums, dem Einen, dem Einen aus allen Teilen, der sich in leidenschaftlicher Raserei, in unvorstellbarer Freiheit, in unbeschreiblicher Schönheit, in gleißendem feurigen Licht selbst erschafft – ist dies eine letzte Wahrheit?

Essenz

Der Einzug der Essenz ist ein Kochen bis zur Weißglut ...
Ein Kochen ... eine Hitze ... jenseits von Zorn und Trieb ...
Dieser Punkt der Menschenart ist weit überschritten.
Sehnsucht kennt kein Maß mehr ... ist weit überschritten.
Es gibt keine Worte mehr ... Menschliches ist zu klein
Du bist ... alles was ist ... und doch ist ein Plan in dich gelegt ...
ein Weg ...
Ein Wanderweg ... eine Landkarte ...
Ein Magnetismus ... der 'alles' in dein Leben zieht ...
Beobachte das Licht, das tanzende Licht.
Wie es alles durchdringt und durchzieht.
Ein Kuss der Essenz für die Welt der Gegenständlichkeit.
Du bist kein Roboter aus Fleisch und Blut.
Fleisch und Blut, Haut, Haar und Hirn ist Werkzeug für Geist.
Licht und Liebe.
Verbinde dich.
Du bist kein Roboter aus Fleisch und Blut.
Nutze deinen Körper.
Werde kreativ.
Du kreierst.
Du bist der Schöpfer.
Du schöpfst dich.
Die Welt der Dinge, diesen PLANETEN.
Klarheit über deinen Plan bringt Frieden und Freiheit in dein Leben.
Klarheit ist Purheit.
Da ist nur ein Ding, das EINE.
Verbinde dich.
Verbinde dich in deinem System aus Fleisch und Blut.
Denn du bist GEIST-SEELE ... sowieso.
Nutze diesen Körper.
Dein Haus für deinen Plan, für diesen Plan ... PLANETEN.
Verbinde dich mit diesem PLANETEN.
Du bist noch mehr.
Verbinde dich mit dem Universum.
Du bist alles was ist.
Du bist gleichzeitig, synchronisiere und alles ist, alles ist gleichzeitig.

Du bist auf deiner Reise durch Zeit, Raum, Schöpfung.
Schöpfer, Sehnsucht der Menschheit.
Sehnsucht nach Glück und Ekstase.
Weißt du was du bist??? ... EKSTASE...
Du bist die Reise.
Mensch-Gott.
Gott-Mensch, wach auf.
Der Ruf der Stille ruft sich selbst durch dich, durch dich hindurch
... andere.
Ruft die anderen ins 'Ich' als eins.
GOTT ist auf der Reise.
Gott ist die Landkarte in dir.
Doch Gott ist nur ein Wort in der Magie des Lebens das ICH BIN ...

Zurück zu den Jahren 1982/1983/1984

Ölgötzen

Ölgötzen umkreisen dich, bilden eine frohe Schar.
Starr und stumm beschaust du dein ewig geschwiegenes Ebenbild.

Begreife es, fasse es, zersplittere in tausend formlose Stücke.
Blutend erhebe dich aus deiner Puppe.

Feindesgruß

Ich begrüße dich, Feind.
Feind in meinen illusionären Gedanken und Gefühlen.
Zeige mir, was ich von dir lernen kann …
… bevor dich dein Tod holt, holt in mir und mich so von mir selbst erlöst.
Denn könnte es einen besseren Grund geben mich und dich
zu lieben … ?

Liebe

Starke Stricke sind um dich gelegt, beengen deinen Atem.
Schwere Steine pflastern dein Herz.
Deine Hände zucken im Rhythmus des Todes.

Wildes, hungriges Leben frisst dein Gehirn.
Sehne und flehe nach dir, nach mir.
Liebe sie, die Stricke, Steine, das hungrige Leben
und die Rhythmen des Todes.
Werde Liebe, werde Leben, werde frei …

Gleich

Alles was du tust, ist erst dann frei, wenn es gleich ist.
Gleich ist es erst dann, wenn du auch etwas anderes tun könntest.
Etwas tun können für andere, wirst du erst können,
wenn es gleich ist, wen du liebst.

Es

Es kennt keine Geschlechter, Wesen,
Menschen, die sich nicht verändern könnten.
Denn es ist ein Kind.
Es verspürt die Freude der Sonne und des Regens.
Es kann die Freude anfassen, erfassen – erfassen ohne sie zu zerstören.

Solange das Kind in dir ist,
lass die Freude groß werden.
So wird das Kind immer in dir sein…
und seine Freude in dir berührt alles was ist.

Hinrichten

Madonna und „Hure bist du"…
Ein Hexenbesen trägt den Engel fort.
Henker sind deine Knechte und sie werden dich nicht nur richten,
sondern hinrichten,
wenn du sie in diesem Schauspiel nicht nur verknechtet,
sondern auch an dich gebunden hast.

Mörder

In dem Moment wo deine Freude am größten ist,
kommst du als dein eigener Mörder die Tür herein.

Vielleicht kannst du verhindern,
dass die Tür von selbst aus dem Schloss springt.
Steh gerade, steh auf,
reiß die Tür aus der Angel und
dein falsches Ich wird die Treppe herunterfallen.

Eisblumenfrau

Eisblume wird er dich nennen,
ersehnen deinen schmelzenden Opferkuss.

Glauben wird er,
dass in ihm erblühen ganze Täler opfernder Eisblumenfelder.

Hat er erst sein Purpurschwert umgeschmiedet, wandle dich.
Wandle, ummantle dich,
verwandle dich …

Wandle in einem Feuerbuschmantel zum Schutze vor dem Gefecht.
Zum Schutze vor dem Gefecht,
das aus dir einen Tränenozean salzigsten Wassers machen wird.

Körpermacht

Zäher Leim hartnäckiger Höflichkeitsformeln
wirft dich zurück an harte, kalte Bodenstrukturen,
unterkühlt dir die Lungenflügel
und fesselt dich ans unmittelbare Diesseits.

Während über deinem Kopfe ferne Exoten ihre
warmen Lockrufe fliegen lassen.
… und man kann sie nicht einmal befühlen.

Schneetreiben und Flammenmeer

Rauschende Schneewolken, Feuer und siedende Kohlenglut …
Eingefroren in eure starren Körperbehälter … aus menschlicher Pappe.
… oder Plastik auch.
Eingefrorene Gedanken und Gefühle …
Macht euch für Widersinniges benutzbar.

Macht euch zu einer Beute für ein Wesen mit schwarzen,
funkelnden Krallen.
Eines, das immer wieder des Nachts erscheint und euch leer trinkt.
So leer – bis nur noch euer Pappbehälter von euch übrig bleibt.

In eurem Spiegel bestaunt Ihr fassungslos
das Werk dieser blutigen, schwarz bekrallten
und funkelnden Kohlenglut.
Ein Schneewölkchen schwebt vorbei und beweint euch dann …

Sandkastenspiele

Rundbäuchig und schwerbrüstig wird bestaunt,
was klein und zuckerrosawangig Förmchen spielend,
gigantische Sandburgen baut.

Freudig selbst erlebt, was dahinter zurückliegt.
Zufrieden nickend zu diesen Kleinen, die brav in die Höhe bauen
und die Förmchen zu handhaben verstehen.

Ach, und nicht wie dieses unglückselige Kind, die Schaufel nimmt
und einen tiefen Graben legt.

Ach, wie kurz mag dieses in die Höhe gebaute Zuckerglück dauern?
Ach, so kurz wie ein Regenhagel …

Ach, wie sehr wird doch der tiefe Wassergraben ein Zeugnis
eurer ungeweinten Tränen sein …

Geschenk weiser Greise

Fern von dir weg …
Pfeifen die Züge …

Die Sehnsucht rast unbestimmt den Gleisen hinterher.
Wie der Gesang der Sirenen ertönt dieser Pfiff.

Er zieht dein Herz in die warme Unbekannte,
während dir weise Greise, die Funktion der Gleise,
den Weg und die Haltestellen erklären.

Weißglut

Zuerst waren nur deine Augen da.
… und ich, die dir den Rücken zugewandt,
habe dich noch nicht gesehen …
noch nie gesehen, nicht und nie erkannt.

Deine Augen und deine Glut brennen mir Löcher ins Kleid …

Heiß glühend umgedreht, sehe ich dein fühlerhaft fragendes Gesicht,
Ich sehe dich.
Ich sehe den, der mir fremde Umarmungen schenkt.

Heimlich stolz in dieser brennenden Umarmung nun
deine Verbündete zu sein,
nehme ich all deine Küsse, deinen Atem, deine Rhythmen,
deinen Herzschlag.

So unendlich lange haben wir gewartet, um uns weiß -
glühend ineinander aufzulösen …

Wolken

Der weite Abgrund tut sich auf und verkündet unbekannt den Weg.
Hinweg über Kiesel, die weiß-glänzend die Sonne empfangen.

Gleichsam Wonne und Schmerz gewiss, am Abgrund stehend,
lässt es dich tief blickend erzittern.

Meintest nicht zu wissen wozu
und plötzlich tauchen auch die Wolken auf,
die dir die große Zerrbilderschau im Schleuderflug offerieren
… den Blick verwirrend.

Ohne den fliegenden Teppich, der dich auf die andere Seite trägt,
glaubtest du ganz wirklich zu sterben.
Wie einfach das gerade wäre, jetzt …
Möchtest du es nicht doch mit springen versuchen?
Einen waghalsigen Sprung über unsere sicher geglaubte
Realität waghalsig wagen?
Die vielen Kiesel aber kleben dir das Herz zu,
reflektieren dir ein Phantombild auf Haut und Haar …
und erzählen die gigantische Mär von der Angst.

Was bleibt dir?
Es bleibt der Weg des geduldigen Wartens.
Er zeigt dir erneut deine tiefe Angst
und gleichzeitig die tiefe Farbenpracht im Schlund des tiefen Abgrunds.

Die Haltung der Frucht

… ihre Lage, der Ort … kaum zu finden …
glaubte man an prächtige Paradiesvögel.
Aber nein, schreit dir die Grausamkeit deiner Leere zu:
„Hier gibt es das nicht."
Wie feindlich kalt wird dir werden.

Lernen und hoffen, zu handeln wie einsame Schrotthändler
und auch im Trüben mal zu fischen
… findest im Unrat Herausragendes.

Wirst immer wieder zurückkehren zum Schrottplatz, einsam entrückt.
Du bist der Ort, die Lage flüstern Krähen
und Aasgeier am dumpfen Horizont.
Sie spielen jenes frohe Spiegelspiel.

Rhythmus

Prasselnd wie Trommelschläge geht es im Takt, das Spiel.
Einen Fuß vor den anderen …
Wie viele sieht man stolpern?

Schlucken, wie bittere Arznei ist das getränte Leid.
Ganz und gar, gar so nebenbei,
Lust am Verlorenen bäumt scheinbare Goldgruben auf.
Stumpfsinnig schweigen und lallen …

Erst die vernünftig geglaubten Worte lenken dich in die Bahn
… und fordern zwingend die Regel.

Tigerkrallen

Wie wenig sagen dir die Gestalten Katzenpfötchen liebend.
Warme Handschuhe möchtest du überziehen,
solche Zauberhaften, die dir dein Fingerspitzengefühl nicht nehmen,
möchtest davonlaufen, in Nie – Gewusstes abgleiten.
Stur sein gegen alles Da – Gewesene.

Im ewigen Gewässer absaufend,
sprudelnd, finden sich Blasen wie Wahrsagerkugeln,
die dir auch nur die Welt erklären.

Auftauchen dann an neuem Land, deinen Körper finden,
den du kennend bewohnst.
Hineinschlüpfen in diese Landschaften
und nur da sein und sich dort zeigen.

Abblättern, wenn genug gesehen, weitersuchen in neuerer Zeit.
Taumelnd, sich selbst wie einen frischen Tautropfen gesehen
und hoffen eine andere Welt zu lieben,
ganz gleich wie sie aussehen mag.
Tarnungen und Masken will ich zerreißen,
mit Tigerkrallen … ihr Katzenpfötchen.

Wasser des Lebens

Fische der Unendlichkeit kriechen niemals ans Ufer.
Sie gleiten weiter und hinterlassen dem Beobachter den Strudel
aus dem er nur noch hindurchtauchen kann.

Auf Nimmerwiedersehen kehren sie erst zurück
und zeigen dir ihr Gesicht,
wenn sie im Begriff sind sich wieder aufzulösen.

Neugierde entfesselt uns im Wasserfall der Ungeduld
und zieht uns in den Sumpf der ratlosen Wege.

… man könnte darin ersticken,
würde man aufgeben sich ständig selbst die Hände zu geben.

Irrtum

Wie die Pferdehintern der Kaltblüter schleppen sie
ungefühlt ihr Schicksal in den Tag.

Wie Karikaturen schwätzen sie in ihrem
Intellektualismus über Dinge … so unbewusst, ungefühlt und ungelebt.
Arroganz …
Arrogantes Geschwätz über die Dinge,
die sie nicht begreifen zu begreifen …

Fernab sind sie von dem Abendhimmel,
der die fühlbaren Sternschnuppen schmeißt,
und so meinen sie zum Nutzen des ganz realen und
scheinbaren Gemeinwohls
ihr Schärfchen im Trockenen zu haben.
Ist es denn wohl ein Irrtum?

Lachen

Rücksichtslos im Selbst suchend die Verlorenen …

Gläser splittern, ein Erdbeben gleich … an solchen Orten.
Wo sind die Orte, wo die Opfer flüchten lernen?

Leugnendes Lachen gelernt, gut getarnt die Masken zu zerreißen,
im Eifer die Rechnung zu tragen.

Hochgestapelt die Worte im leeren Raum.
Kühles Hauchen … und endlich unendliches, inneres Feuer.
Dein eigenes Eis tritt nun ins Schmelzen ein.

Frei zu sein im Liebesfeuer, dem anderen das Ich anzuhaften,
so als ob er es kennen wollte.

Schönheit wird dir geschenkt und du hast es zu tragen,
wie das Laster der Pfauenfedern.

Leugnendes Lachen gelernt, gut getarnt die Masken zu zerreißen,
im Eifer die Rechnung zu tragen.

So

Sag mir doch, wo es ist.
So sag mir doch …

Wo sind die Überraschungen des Wunderbergs vergraben?

Sag mir doch …
Wo sind die Erwartungen „computerhaft" gespeichert?

So sag mir doch …
Wo die Geduld ihren Anfang und ihr Ende in der Langeweile findet …

Sag mir doch … so sag mir … so

Toskana

Unsichtbar gemacht was offensichtlich ist.
Prall und hügelig im zarten Schmelz jungfräulichster Zärtlichkeit ...

Durstige Weiblichkeit im Schleier ...
und so unheimlich zierlich.

Glitzernde Olivenhaine.
Dürstende Glimmersterne.
Sehnsüchtige Sternschnuppen in angstlos dunkle Nächte schleichend.

Starre Gesichter suchen dich zu fassen,
aber du entkleidest nackte Oberflächen für angezogene Masken.

Wieder und wieder wirfst du seidige Tücher,
Hüllen und Teppiche auf unsere Berg- und Talfahrten.

Einsamkeit

Über die Felder herauf befreundet sich die Stille mit dem Abend.
Angenehme Einsamkeiten finden ihren Klang in der Nacht der Sterne.

Verstohlen neblige Schwaden auf gruppierenden Bäumen.

Aufmerksame Blicke am Horizont der guten Hoffnung,
aus der Wolllust entstanden ...
verflüchtigen sich diese Blicke erst mit dem Husten im Morgenrot.

... und morgens dann, gleiten unsere Hände in übereifrige Taten ...

Flüchten auf dem Weg

Der Zahn der Zeit, der das schöne Gesicht entsetzt.
Phallus, der die Steine schleifend erweicht.

Zahnräder fadhaft für unseren Nutzen …
ohne diese entsetzt verletzten Gesichter
jemals wirklich gesehen zu haben.

Ich bin ein Flüchtlingskind im Bann der Meilensteine.
… und es ist wie zielhaftes Lustgestöhn …
… rohes Flehen im weißen Kleid …
… finde den Sinn nur im Weg.

Verschwommen

Verschwommen wahrgenommen, übel ist es mir nach jenen Tagen …
Harte Brocken an seichten Oberflächen …
Tauchen erst auf zu seiner Zeit.

Steinchen nicht zu kauen, sondern speiender Galle zu übergeben,
die sie den gleichmäßigen Momenten opfert.

Zu glauben man wäre sein eigener Gott,
bis man sich langweilt und abspült davon.

Knochenturm … ein Traum

Lustwandlerisch beobachte ich mein Selbst in den Anderen …

Klein war das, was ich da hütete …
Das Kleine lief mir hinein in meine Mutterseele.

Dreidimensional standen wir nun zu zweit mit diesem Vierten,
ewig Anwesenden.
Der, der uns scheinbar zwang auf jenen Knochenturm
hinauf zu klettern,
der hoch und gleichzeitig zerbrechlich war.

Dort hielt mein Kleines ein Zeichen, das uns so hölzern erschien.
Und lächelte schwindelnd in dieses Loch …
… in diesen endlosen Abgrund hat es gestarrt.

„Schmeiß es, dieses gottlose Symbol, dieses Zeichen",
locken unsere Rufe.
„Werde es los"…
So fiel es hinab und zog mein Kleines mit sich … hinter sich her …

Kopflos sprang meine Hülle ihm nach und es geschah mir nichts.
Ganz tief nach unten gefallen, lief mir mein Kleines in die Arme
und rief: „Nur die Mutterseele hat sich vorübergehend den Fuß gebrochen."

Nacht – Nackt

Die Nacht der tausend Augen kümmerte sich nicht um tonlose Worte,
denn sie lag auf unserer Haut.

Wir halten uns an und unseren Schmerz in der Hand
und es gibt keinen Weg,
den wir flüchten könnten.

Schmerz und Lust bis zum Kopfkrampf …
So nackt umschlungen in der Nacht.
Nackt, so lange bis uns kühles, klares Blau bedeckt
und uns wieder unseren regelmäßigen Atem schenkt.

Wir haben uns wie wilde und sanfte Tiere in
eine dunkle Höhle geschlichen.
Eine, die wilden und sanften Tieren warme Glut bereitet …
Eine Glut, die in nackten Nächten alles Dunkle verbrennt …

Kalte Masken

Tiefe Trauer bei diesem Anblick könnte mich berühren,
könnte aber auch alles Gefühl in Kaltblütigkeit tauchen.
Hinter der Maske wäre all das dasselbe.

In meiner Höhle soll es aber heiß bleiben,
damit ich langsam die Substanz des ganzen Unrats anblickend …
damit ich den ganzen Schrott verbrennen kann.
Tausend Tode sterbe ich für den Geliebten des Moments.
Tiefe Trauer gehört ihm allein …
Denn auch seine starre Maske fällt ab … und es schmerzt.

Dann der Schrei der Unendlichkeit und
das bisschen Leid der Vernunft …
löst uns auf, löscht die falschen Iche auf … erlöst uns für einen Moment.

Ich schreie laut … und oft auch ohne Töne …

Tiefer Fall

Tiefer Fall, der Bau in der Luft …
Ich will schreien und ersticke an der dünnen Luft da oben.

Sag doch was, zerbrich meine Scherben …
Ist es der Mehrwert der Liebe?
Geometrie der Gefühle?
Sex
… und es will eine dicke Spinne über das Sonnengeflecht.
Verstehe mich in der Stille.
Magie der bewegungslosen Bewegungen …
Die Diebe des Schlafes …
Zerbrochene Lebensformeln.
Momente gestauter Luft in dieser zweisamen Einsamkeit.
Der Preis scheint unbezahlbar …
Unsere Schreie in der unfähigen Stille …

Romeo

Töte mich und erlöse mich …
Töte mich, meinen Schmerz.

Überrote Kirschen in zu kleinen Gläsern.

Im Zweifel der Rhythmen töten wir uns im Ewigen.

Die Macht der Gezeiten spült uns wider Willen immer wieder …
… immer wieder ans Land der Muschelschalen und
schweigt uns für immer still.

Zeit zum Atmen, einen Raum zum Schweigen …
… und es wachsen Flügel ohne Preis.
Der Stoff zum Davontragen aller Liebenden … Flüchtlingskraft …

Die Welt

Wer hat hier was an mir getan?
Schreie … zwischen meinen lockeren Schrauben …

Gib mir dein Schwert, denn ich vergesse die Welt
und zerbreche so an mir selbst.
Gib mir dein glühendes Schwert,
denn ich will im heißen Schnee mich selbst besiegen.

Verzweiflung

Aus Verzweiflung hör ich mein schrilles Lachen.
Es klingt durch die Nebelwand ins Land der Bekanntheiten
und verkündet die Formeln der Sinnlosigkeit.
Ein narrenhafter Funktionsapparat hat Appetit auf Gruppenwahn
und macht aus Spaß todernst.

Irgendjemand wagt es immer wieder geheime Brücken zu legen.
Von Wahnsinn zu Wahnsinn …
… um im Wachzustand , im Unterschied
und in Folge alles in Schizophrenie zu ertränken.

Alle Unterschiede müssen sich lösen, im Flug der Zeiten
und du findest dein gesuchtes Glück.

Loslassen und Ablösen

Es gibt einen Stoff im Körper, einen alchemistischen, der aktiviert wird und fließt, wenn Traurig-Sein am tiefsten Punkt von Frieden, Zufriedenheit, Freude, Liebe oder sogar von bedingungsloser Liebe und Ekstase abgelöst wird.

Es entsteht am tiefsten Punkt der „Wendepunkt". Wenn Schmerz und Trauer in ihrer Essenz erschöpft sind, lässt der Mensch ganz automatisch los, und das eingekapselte Potential der Freude, Liebe und Kreativität wird freigesetzt.

Dies bewirkt das „Ablösen" vom Alten am tiefsten Punkt, das „wirklichste" Loslassen … denn es „wirkt" bis in unser Lebensumfeld hinein.

Diese „Art Loszulassen" ist in ihrer letzten Konsequenz schöpferisch und kunstvoll, und hat etwas Magnetisches, Magisches … denn sie zieht das Neue ins Leben!

Hier ist Kampf und Krieg zu Ende.

Das Selbst ist hierbei Zuschauer und Regisseur, während deine Persönlichkeit der Schauspieler ist. Traurig - Sein und so genannte Negativität oder negative Energien werden nicht mehr unterdrückt, noch besitzen sie Macht.

Die Dramatik der Situation findet ihren zugeteilten Platz auf der Bühne des Lebens … und das macht nichts … mehr.

Hierzu gibt es keine direkte Technik, die befolgt wird, noch kann das oben Erwähnte nur mit dem Kopf verstanden werden.

Wenn der Mensch „zutiefst begreift", dass das SELBST unabhängig sein kann vom Körper und der Person, hat dies nichts mit einer technischen Gebrauchsanweisung zum Aufstieg in höhere Geistesebenen oder zum Abheben, weg von dieser Welt zu tun, sondern mit Seelenreife und Seelenkraft … darum geht es.

Der tiefste Punkt des Unglücklich – Seins, der „tiefste Punkt der Krise" kann also genutzt werden als eine Pforte in eine neue Welt.

Eine Welt, die in eine neue Bewusstseins – und Seinsebene führt … auf die Ebenen der Seele.

Durch Loslassen am richtigen „Knotenpunkt" oder am tiefsten Punkt, entsteht diese neu entdeckte Bewusstseinsebene inmitten der manifestierten Welt.

Durch die freigesetzte und ausgerichtete Energie unserer Freude, unserer Liebe und unserer Kreativität manifestiert sich diese Bewusstseinsebene in ungeahnter Schönheit, während das SELBST im Adlerflug über das Leben im Stoff „fliegt".

Es entsteht eine neue Realität für einen neuen Menschen.

Wenn wir fähig werden bis in den tiefsten Punkt „hineinzudenken" und zu fühlen, ohne uns damit zu identifizieren und zu verzweifeln, dann löst sich Altes und Hinderndes auf und neue Misskreationen werden verunmöglicht.

Wir begegnen einer Paradoxe in uns, die durch die Praxis völliger Widerstandslosigkeit unser Leid und somit ein Stück Leid dieser Welt auflöst.

Hiermit verlieren wir zuerst an Schwerkraft und später gewinnen wir an PRÄSENZ.

Trauer und Schwere werden durch absolute Freude abgelöst.

Das heißt, mit etwas Übung in diesen Dingen könnte man selbstverständlich bevor Trauer, Schmerz, Angst, Wut etc. unser Gemüt zu sehr stimulieren, loslassen.

Dies funktioniert deswegen, weil sich unsere sichtbaren und unsichtbaren Sinnesorgane derart verfeinern, dass wir früh genug und rechtzeitig die Tiefe von Trauer, Schmerz und Enttäuschung spüren, fühlen und daher erkennen, vorausschauend denken und handeln. Handeln würde praktisch umgesetzt in diesem Falle bedeuten, dass wir handeln, indem wir nicht handeln oder zum besseren Verständnis losgelöst, absichtslos und spontan handeln. Wir haben dann die Kraft und die Klarheit, weil das Herz und der Kopf frei ist, um alte sich wiederholende Muster rechtzeitig zu erkennen, um aus destruktiven Beziehungen und Situationen rechtzeitig auszusteigen oder wir entwickeln sogar die Fähigkeit diese Energien in ihr Gegenteil umzukehren und in konstruktive Bahnen zu lenken.

Denken und Fühlen erreichen eine Tiefe, die in ihrer Umkehrung alles in die „Höhe" treibt ... bildlich gesprochen ...

Denken, Fühlen und Handeln bilden eine Einheit, erzeugen eine Magie der besonderen Art, die genau dort keinen Widerstand leistet, wo Druck am dichtesten, am dringendsten wird.

Nach einer Weile der Ausdauer und des Mutes in der Bedrängnis, tritt die Beschleunigung aller beteiligten Energien ein und die Transformation eben dieser Energien, Gedanken, Gefühle und alter Muster. Die umgewandelte Energie berührt den Stoff, die Materie ... unsere Körper ...

Dabei erlebt unser normales Tagesbewusstsein einen kleinen oder auch größeren Schock.

Unser Selbst-Bewusstsein dehnt sich aus, nach diesem blitzartigen Schock. Blitzartig im wahrsten Sinne des Wortes, da wir es hier mit Energie, mit Elektrizität zu tun haben.

Im nächsten Schritt stellen wir fest, dass sich alles verändert hat.

Wir bleiben folglich zunächst zurück mit einem neuen Verständnis über Traurig - Sein, Angst, Enttäuschung etc. ... Das heißt, wir erkennen dadurch, durch die über unser Nervensystem geleitete Elektrizität des Schockes, der blitzartigen Erkenntnis, den Wert "hinter" jedem negativen Gefühl. Wir stellen fest, dass von alldem, den negativsten Gedanken,

Gefühlen und Energien nichts übrig geblieben ist. Die „Energie", die das Drama, die Tragödie, die Misere belebt hat, wurde neutralisiert ... durch die Erkenntnis, was „hinter" jedem Gefühl liegt.

Das ist der Weg und sind die ersten Schritte, die in die PRÄSENZ, in Transmutation und multiple Transformation führen. Das heißt, wir sind der Schöpfer unserer eigenen Realität geworden, lernen wir die Ereignisse und deren Botschaften auf das „Tiefste" und „Höchste" zu durchschauen und die freigesetzte Energie so zu lenken, dass sie unserer Vision und dem Bauplan unserer Seele folgt.

Diese ersten Schritte in Richtung Transformation werden gemeistert durch Aufmerksamkeit, Wachsamkeit, Selbstbeobachtung, Mitgefühl, Liebe und Mut, sowie durch Ausdauer, Loslassen und Widerstandslosigkeit.

... PRÄSENZ

Durch diese Schocks, durch den blitzartigen, schockenden Einzug unserer Seele, unseres Selbst und unserer Essenz ... gewinnen wir an Präsenz.
Präsenz ist die feinste und kunstvollste Form der Macht, eine Macht nicht so gemeint, wie wir sie seit Jahrtausenden kennengelernt haben. Präsenz ist die machtvollste Form der Transformation.
Macht ist in diesem Sinne nicht weltlich und auch nicht persönlich zu verstehen.
Das ICH, das du wirklich bist, ist in allem, was dir geschieht.
Das Geschehen liegt in dir, auch wenn es sich erst durch äußere Geschehnisse zeigt.
Durch das Geschehen im Außen offenbart sich die ursprüngliche Idee, der auslösende Gedanke.
Du bist die entscheidende Kraft deines Lebens.
Du entscheidest in jeder Sekunde, auch dann wenn du dich nicht entscheidest. Du hast nämlich genau in diesem Moment entschieden, dass über dich entschieden wird.
Wenn du dich aber selbst entscheidest, gibt es kein Opfer mehr, keine Vorwürfe und Schuldzuweisungen, sowie auch alles Alte in diesem Moment durch völlige Wachsamkeit ausgelöscht werden kann.
Es gibt nichts Vergangenes, Durchlittenes mehr, das dich anbinden und anketten kann.
Durch PRÄSENZ lernst du ohne Pause, Schritt für Schritt zu meistern, auch wenn du im Moment noch kein Meister in diesem Hinblick, und ganz und gar sein kannst.
Die Fehler, die du begangen hast und begehst, verlieren durch Präsenz und Konfrontation, durch Selbstkonfrontation ihre Tragik, und dienen dem präsenten SELBST zur Erkenntnis, all dessen, was nicht das SELBST ist und zur Erkenntnis all dessen, was so nicht funktioniert.
Der auf diese Weise erkannte und durch tatkräftige „Verbesserung" umgekehrte Fehler, ist dann schon fast deine neue Schöpfung, und verhilft somit durch diesen Transformationsprozess der alten Form in die neue Form. Es entsteht also eine neue, verbesserte Schöpfung. So ist der erkannte „Fehler" ein energetisches Katapult und ein Beschleuniger für die neue, verbesserte Form. Es ist nun die neue, verbesserte Form, die dem Bauplan und der Vision deiner Seele folgt.

Das, was sich neben der neuen Schöpfung zusätzlich manifestiert und auch im Außen Form annimmt, ist das SELBST.

Der Wert des Fehlers, in diesem gesamten Vorgang wird hier erkannt und wird geschätzt, ihm wird kein Widerstand geleistet und paradoxer Weise erhöht sich der Mensch selbst durch die Umkehrung der Fehler, die er einst begangen hat.

Poetisch ausgedrückt, „fliegt" der PRÄSENTE, weil er sich zukünftig immer weiter und höher erhebt, über die eigenen Fehler und Hürden der Vergangenheit. Fehler, die nun keine mehr sind …

... über die Kraft zu siegen

Wenn du siegen willst oder vielleicht ist deine Zeit gekommen, in der du siegen musst, dann kämpfe nicht.

Sieh dich und deine Welt so, als ob sie diese lächerlichen, kleinen und großen Kämpfe gar nicht mehr nötig hätte. Leiste manifestierten Illusionen, den vielen „Fehlern" in dieser und deiner Welt Widerstand, indem du wie Gandhi, widerstandslos in den Krieg ziehst, für deine Wahrheit, für die Wahrheit, die aus deiner Seele kommt.

Kämpfe nicht gegen einen Feind, kämpfe gar nicht. Leiste Widerstand durch Widerstandslosigkeit.

Mach' dir klar, dass dieser Feind nicht existiert, und gehe dabei jenseits deiner eigenen Widerstände ... und der Sieg kann dir nicht widerstehen, da du wahrhaftig geblieben bist.

SEHNSUCHT NACH LIEBE UND GLÜCK

Es ist das Mysterium der Sehnsucht, das das Streben nach Glanz und Größe einer so ganz anderen Welt ins Leben ruft und es ist auch das, was uns doch so maßlos zu Grunde richten kann. Was für eine Sehnsucht ist das doch.

Das Tragische, Dramatische wird auf den Plan gerufen, Krieg und Frieden, Liebe und Hass … Taumel der Manifestationen, alle machen mit, und die meisten verstehen nicht einmal warum …
Dieses, „es ist sowieso schon zu viel zu atmen und die Konsequenzen zu tragen", lässt uns diese mysteriöse Sehnsucht meiden und ersticken und so lähmen wir uns gänzlich, um zu erfahren was Liebe und Glück bedeuten könnte …
So ist es aber doch diese Sehnsucht, die ungestillt bleibt, und uns nur deswegen in den Himmel wachsen hilft, weil Sehnsucht nicht den Durst stillt, sondern wie Feuer auf der Seele brennt.
Eines Tages erleiden wir diese Sehnsucht wie ein heiliges, heilendes Feuer, das in uns brennt und uns reinigt, uns pur macht.
Was ist es für ein Himmel, wenn die Liebe fehlt?
Diesen Himmel, den ich meine, dieser ist die Liebe selbst, aus sich selbst heraus und dennoch völlig selbstlos.
Diese Liebe ist das Feuer. Das Feuer, das seit Anbeginn ersehnt wurde und seit Anbeginn „ist", ist dieses ewige Feuer. „Sein" ist Sehnsucht, Verlangen, Leidenschaft … Leidenschaft eines höheren Ranges.

Paradoxerweise ist die „Sehnsucht" danach aber auch das, was uns im Schlaf, in der Illusion gefangen hält. Das sehnende, kleine, limitierte Selbst tötet sich solange selbst in uns, bis es sich seiner selbst sicher ist und Ursache und Wirkung in sich selbst angenommen und vereint hat.
Glück ist Gnade, wenn die Liebe bleibt. Bleibe in der Liebe, im Glück, sowie im Unglück. Bleibe in der Liebe. Das ist Glück. Wie oft sind wir in der großen Lebens- und Liebesschule sitzen geblieben?
Alles wiederholt sich und uns wird schlecht von den rhythmisch - zyklischen Ego - Umdrehungen. Uns wird solange schlecht werden, bis es uns gelingt in die Mitte des Sturmes vorzudringen.
Ist diese Mitte des Sturmes etwa der Friede in der Sturmesmitte, inmitten des Taumels, des ewigen, vereinenden Liebesaktes, des Feuers, das alles

Unwesentliche verzehrt und verschlingt? Ist die Angst, die uns die Liebe verdunkelt, uns in der Illusion, der Lüge gefangen hält, etwa nur die Angst verschlungen zu werden, zurück in den Schoß zu müssen?
Der Sprung in das Feuer verschlingt das falsche ICH nur, und lässt zurück, alles unversehrt, alles was ich ist und du bist, ich bin und du bist ALLES.

Schmerz dient uns nur solange als Bote „inneren Wachstums" und zur Erkenntnis bis wir die Weisheit und die Liebe entwickelt haben, die Erkenntnis, die die Kraft und die Macht hat, uns solange „oben" zu halten, bis wir endlich aus der Seelenperspektive schauen, mehr „sehen", um weise und liebevoll genug zu handeln, gegenüber uns selbst und den anderen.
Das hat tatsächlich nichts mehr mit Gefühlsduselei, Wehleidigkeit, Selbstmitleid und klebriger Emotionalität zu tun.
Wir werden folglich nicht zum Roboter, nur weil wir uns inzwischen nicht mehr einfangen lassen von Mitleid erheischenden Gesten und diversen anderen Egospielen. Im Gegenteil, unsere Gedanken, unsere Gefühle und Taten erreichen eine Tragweite und Dimensionen, die unseren vorherigen Bewusstseinszustand bei weitem überflügeln.
Wir dürfen uns daran gewöhnen allein die Verantwortung für unser Geschick zu übernehmen. Das ist gut so, das Beste, weil wir sonst unsere kreative Kraft verlieren, auf die immer gleiche Weise verlieren, wie wir unsere kreative Kraft seit jeher verloren haben.
Verantwortung liegt jenseits von Schuld. Verantwortung ist im Diesseits.
Verantwortung bringt dein ICH ins Spielfeld und macht dich transparent und sichtbar.

DAS MUTIGE HERZ

LIEBE, ANGST, HASS und MUT ………
Wenn wir lang genug gehasst haben, muss für einen gewissen Zeitraum die LIEBE „draußen" bleiben.

Ich meine an dieser Stelle die „wirkliche, echte Liebe". Manchmal müssen wir einfach „passen", selbst dann, wenn wir glauben in gut „funktionierenden Beziehungen" zu stecken. Die meisten unserer gut gepflegten „Beziehungen" funktionieren nur auf Grund unserer „Bedürftigkeiten" und unseres Egos. Ist unsere Gier nach Leben nur einen Moment gestillt, taucht die Hässlichkeit unserer Zwänge, Wunden und Muster wieder auf. Diese schwarzen Löcher und Flecken, in unserem Herz „funktionieren" auf Knopfdruck, wie ein Automat. Warum wohl müssen wir also die wirkliche, echte Liebe draußen lassen, wenn wir doch so leidenschaftlich sind?

Bestehe ich so sehr auf das „menschliche Einmal - Eins der Leidenschaft," dann hasse ich auch, wenn mal etwas schief läuft … und – im Gegenzug, ob es mir bewusst ist oder nicht, will ich dann für meinen Hass und meine „Schieflage" leiden. Wechselweise aber beginne auch ich dann wieder, im darauf folgenden Akt, in diesem unserem Kreislauf der Schmerzen, mich unbewusster Weise rächen zu wollen und projiziere „Schuld" auf andere.

Das ist Leid, Rache, Hass und Schuld ohne Ende. Sich das einzugestehen und verwandeln zu können, ist nur etwas für Mutige. Heuchler bleiben weiterhin im Sumpf der Bewusstlosigkeiten.

Für die meisten Menschen ist dieses Spiel der Bewusstlosigkeit gut genug, um zu lernen. Doch irgendwann kommt für jeden der Zeitpunkt, wo das nicht mehr reicht, weil die Weisheit und die Liebe der Seele fehlen.

Hass und Liebe disqualifizieren sich gegenseitig … und doch „scheint" Liebe Hass zu bedingen, in unseren gegenwärtigen Beziehungsarrangements.

Liebe „bedingt" Hass, wenn die Liebe nicht „bedingungslos" ist.

Ist die Liebe nicht losgelöst von Erwartungen, dann entstehen Bedingungen. Bedingungen, wie z. B. Angst, Gier, Hass, Ekel, Gleichgültigkeit, Verächtlichkeit, Hochmut, Aggressionen, Neid und Eifersucht und so weiter …

Wenn wir nur wüssten, wie wir lieben könnten, ohne zwanghaft Gegenliebe zu erwarten.

Könnten wir schenken, uns verschenken ohne die zwanghafte Erwartung zu empfangen, auch wenn uns das furchtbar schwer fällt, am Anfang, dann wären wir irgendwann auch fähig, die „Wut", die durch „enttäuschte" Liebe entstand, in etwas Kreatives, Schöpferisches zu verwandeln. In etwas Kreatives und Schöpferisches verwandeln, wie zum Beispiel in die Kraft und Macht des Mutes, den Mut nämlich, beständig über die eigenen Grenzen hinauszuwachsen ... und dies vor allen Dingen zu wollen, zuerst.

Mut ist kraftvoll, mächtig und schöpferisch, weil es unseren ganzen Mut braucht „offen" zu bleiben, nach dem ersten heftigen Dolchstoss in die Mitte unseres Herzens. Mut ist kreativ, weil wir im Strom, im schöpferischen Strom bleiben und ohne weiteres wieder die Herzenspforte erneut öffnen können.

So ist das mutigste Herz, das Herz, das bedingungslos liebt. Darin liegt nicht nur unendlich viel Weisheit und Reinheit, sondern ein bedingungslos liebendes Herz macht uns klar im Kopf und schenkt uns höhere, erweiterte Einsichten.

Wer hasst, entwaffnet sich selbst, macht sich zur fetten Beute dunkler Kräfte.

Ein bedingungslos Liebender zeichnet sich aber nicht nur durch Mut aus, sondern auch durch Mitgefühl, Einsicht, Unterscheidungskraft, Dankbarkeit, Vergebung, Beobachtungsgabe, Treue, Verantwortung, Würde, Respekt, Selbstlosigkeit, Hilfsbereitschaft, Selbstvertrauen, bedingungslose Liebe, Hingabe, Freiheit und einen unbeugsamen Willen. Werte, die uns zum Teil schon verloren gegangen sind.

Ein bedingungslos Liebender gibt seinen kleinen Menschenwillen auf, um ihn mit dem einen, großen, alles umfassenden Willen zu vermählen. Daraus erwächst Freude, eine Freude so tief wie der Ozean. Ekstase und Heilung für einen ganzen Planeten.

Wir werden geprüft, geprüft und geprüft, solange bis die individuellen Prüfungen zu Ende sind. Doch sind unsere Prüfungen jemals zu Ende?

Wo bliebe dann das Maßband unseres Wachstums und Erfolges, wenn wir nicht geprüft würden, uns nicht selbst prüfen würden?

Was irgendwann zu Ende ist, sind unsere „Angewohnheiten", uns über scheinbar „harte" Prüfungen „zusätzlich" über alle Maßen hinaus zu „beschweren".

Angewohnheiten dieser Art sind es nämlich zusätzlich, die den Aufstieg auf den Berg in erweiterte Ebenen des Bewusstseins erst so qualvoll gestalten, eben einfach „beschwerlich" machen.

Mit solch schwerem Gepäck kann man es nicht bis auf die Spitze schaffen, das ist das, was hart ist.

Man denke hierbei an die ägyptische Seelenwaage, die nur ein leichtes Herz durch das Himmelstor lässt.

Doch beim Bergsteigen dieser Art können wir darauf vertrauen, dass es uns keiner im ganzen Universum so schwer macht und so hart gestaltet, wie wir selbst es uns machen. Deswegen lasst uns weise sein, wachsam uns selbst gegenüber und aber auch in dem Maße weise sein, so dass wir nicht die Früchte harter Bergsteigerarbeit unter energetischen Faulenzern, Blendern und Energievampiren verteilen, die sowieso auf uns aufmerksam werden und sich einfinden, wenn wir des Nachts steigend, mit dem Scheinwerfer leuchten. Bei „aller Liebe" und ihrer Bedingungslosigkeit, lassen wir uns besser nicht ausnutzen von denjenigen, die uns dann Bedingungen und Erwartungen vorwerfen, wenn wir Schlussstriche ziehen müssen. Das ist eine geschickte Projektion eigener Unfähigkeit ihrerseits, nur weil ihre eigene Liebe nicht reicht, um etwas zurückzugeben.

Lasst uns unseren Giftmüll mit Leichtigkeit und Anmut entsorgen, unsere so genannten „karmischen Schulden", unsere „Altlasten" bezahlen und unsere zwanghaften Druckknöpfe für neurotisches Musterwerk außer Kraft setzen. Damit wir unseren ganz eigenen Weg hinauf auf den Gipfel erkennen und uns auch nur für unseren ganz eigenen Weg entscheiden lernen.

Schlussendlich sind wir dann auch fähig unsere Gaben heldenhaft, weise, spielerisch und großzügig an die weiter zu geben, die dieser Gaben würdig sind.

Ist es denn nicht so, dass Menschen, die spirituelle, geistige und mentale Techniken anwenden, die sie nicht ganz in ihrer Tiefe und Tragweite verstehen, wie kleine Kinder sind, denen man „schweres Geschütz" zum Spielen gibt?

Es ist allemal besser, diverse Techniken zuerst selbst zu erforschen, ihre Prinzipien und Gesetzmäßigkeiten zu beobachten, den Eigennutz abzutreten, um uns dann immer mehr in den Dienst eines „höheren, geistigen und schöpferischen Prinzips" zu stellen.

Zurück zum Mut ...

Wir setzen uns nun mit dem Mut auseinander, dem Mut, der uns herausfordert, uns ganz zu geben. Der, der das Ego, die Wunde beiseite stellt. Es ist diese Art von Mut gemeint, die uns trotz großer Verwundung und Seelenpein nicht aufgeben lässt. Ein Mut, der weiter existiert in uns, uns trägt, um uns selbst, unser Ego, den Zwerg immer noch mehr und mehr zu überwinden hilft, und das in immer größerer Leichtigkeit. Das ist es auch, was es bedeutet ein leichtes, ein mutiges Herz zu haben. Das mutige, leichte

Herz ist voller Hingabe an die Schöpfung.
Ein leichtes Herz ist ein lichtes Herz. Es ist ein „erleuchtetes Herz". Es ist die Verbindung von Weisheit und Liebe ... bedingungslose Liebe.
Daraus entsteht Schönheit und Anmut.
Ich möchte noch einmal zurückkommen, zum „Gegenspieler" der bedingungslosen Liebe, dem Hass.
Hass macht hässlich. Wir alleine sind es, die sich diese Hässlichkeiten dann jeden Morgen im Spiegel des Lebens anschauen müssen, wenn wir mehr und mehr erwachen, sehen wir das und müssen es zunächst ertragen. Erwachen wir aber mutig immer weiter, lernen wir schließlich Hässliches in Schönheit zu verwandeln.
Es gibt eine Spiegelsphäre, die eine Eintrittspforte und eine „geheime Austrittspforte" besitzt. Die Austrittspforte können wir erst durchschreiten, wenn wir erkennen, dass wir selbst es sind, die unser ureigenstes Lebensdrehbuch schreiben, geschrieben haben und auch selbst nur berechtigt sind dieses umzuschreiben.
Hassen wir aber und transformieren uns nicht, erschaffen wir ein Monster, das noch einige andere Monster mit auf den Plan ruft, die dann mit uns spielen wollen ... ein Spiegelspiel ... ein seltsamer und schmerzhafter Zeitvertreib.
Was machen wir mit diesen Kreaturen, die wir selbst erschaffen haben?
Wir müssten nach dem Hass in uns suchen, den wir nicht gleich auf den ersten Blick orten können, um auch die letzten Krümel davon zu beseitigen, um diese zu verwandeln, um unsere Energien und Kräfte in einer neuen Energieform wieder aufzubereiten. Hass, Gier, Erwartung und Angst in bedingungslose Liebe verwandeln, wird auch die Monster in der Spiegelsphäre verwandeln.
Die bedingungslose Liebe und das Mitgefühl öffnen die geheime Austrittspforte, hinaus aus dieser „alten Welt" und hinein in eine neue, schöpferische, kreative Welt. Schönheit, Freude, Freiheit, erwiderte Liebe und Anmut ist der Lohn für solch harte Arbeit.
Anmut kommt von der Grazie, der Eleganz, der Würde in diesem Kampf. Es ist der Kampf gemeint, der sich dem eigenen Hass, dem Neid, der Angst, dem Gruseln, dem Ekel, der Abscheu, der Verurteilung, der Selbstgerechtigkeit, der Verblendung, dem Hochmut und der Verachtung stellt.
Anmut und Schönheit entsteht durch den Mut, der sich mit diesen ganz eigenen Monstern konfrontiert, um die wilden, gierigen Tiere zu zähmen oder besser noch, sie zu besiegen.

Sie sind in uns allen und gierig in großer Zerstörungswut, gierig danach unser Leben, unsere Kraft, innere Macht, unsere Kreativität, unsere Schönheit, unser Licht, unser Feuer, unsere Liebe und Freude zu zerstören ...
Wie genau aber werden wir diese Monster wohl wieder los?
Dadurch zuerst, dass wir die Angst vor der eigenen, illusionären, jedoch monströsen Schöpfung verlieren. Dadurch, dass wir erkennen, dass wir im Zwergengewand stecken und uns beständig mit diesem Zwerg, unserem Ego verwechselt haben, der Zwerg nämlich, der all diesen Schwachsinn gemeinsam mit anderen Zwergen kreiert hat. Durch diesen erkenntnisreichen Schock zuerst, werden wir Schritt für Schritt diese Monster los. Das Ego ist also ein tyrannischer, kleiner, mieser Zwerg, der unser wirkliches Ich gängelt.
Mutig wagen wir in den magischen Spiegel zu schauen, das eigene Spiegelbild entdecken wir und wir entscheiden uns für eine höhere Form der Schöpfung, die uns augenblicklich mit der gesamten, pulsierenden, lebendig pulsierenden Schöpfung verbindet.
Nun wird uns die rechte Einsicht verliehen, um zu erkennen wo der Fehler im Drehbuch steckt.
Wir sind es selbst, höchst persönlich als verkleideter Zwerg gewesen, der sich mit schwachem Sinn diesen ganzen Mist selbst herauf beschworen hat.
Doch immer noch kommt es uns vor, wie eine ganz und gar teuflische Ironie des Schicksals.
Wie können wir nur selbst so monströs gewesen sein?
Es ist ein großer Irrtum, in dem sich die Könige und Königinnen mit den Zwergen verwechseln ... was für ein seltsames Märchen.
Wir müssen „angstfrei" sein, zumindest in dem Moment, in dem wir in diesen Spiegel schauen. Wir brauchen sehr viel Mut, Anmut, Weisheit, die Kraft uns selbst nicht zu verurteilen, sowie auch keinen anderen und zusätzlich noch den äußersten Mut zur bedingungslosen Liebe müssten wir aufbringen können, um uns selbst und unserer ureigensten, veralteten Schöpfung auf diese Weise zu begegnen. Das ist keinesfalls ein Spaziergang, aber es ist eine Wanderkarte auf den Berg hinauf in eine neue, bessere Welt!
Du musst dich entscheiden, eine „wahrhaftige, großartige Entscheidung" treffen, nämlich dein Lebensdrehbuch umzuschreiben, miese und miserable Kreationen erkennen und dann ausblenden, schlechte Töne mit der Musik aus deiner Seele überspielen, einfach Schritt für Schritt immer ein „bisschen" heiler werden, schlussendlich würdiger, großartiger, königlicher und göttlicher werden. Davor fürchtet sich der „Teufel" zurzeit am meisten.

Es ist nicht nur der Mief der Mittelmäßigkeit, die Angst, die Trugbilder der Illusion und der Verblendung, das, was er so sehr liebt, nein er liebt auch die Perversion.

Diese spezielle Perversion liebt er, in der du dich nämlich in einem solchen Moment der monströsen, erkenntnisreichen „Spiegelschau" selbst anklagst, dich zutiefst schuldig, unwürdig und mies fühlst, dich beginnst selbst zutiefst zu hassen ... und durch diesen Hass ein bisschen mehr so wirst wie er selbst, und gefesselt bist an die Gier zu Überleben, auf Kosten deiner Lebenskraft und Schöpferkraft und der, der anderen.

Der „Teufel" liebt es, wenn du ihn begleitest, um andere auszusaugen, wenn du das Spiel der Egos spielst, verblendet in purer Selbstsucht und geil bist auf falschen Glanz, falsche Freuden, falsche Liebe und scheinbare Macht.

Doch jede Form der Perversion ist auch nur die Blüte, die aus Trotz aus dem Sumpf der Mittelmäßigkeit hervorgeht.

Legen wir doch einfach die Perversion der Mittelmäßigkeit, der Selbstbeschuldigung, der Beschuldigung anderer und jede Form gnadenloser Verurteilung ganz ab und ersetzen das Energieloch, das da entsteht mit der Seelenqualität des Mitgefühls und der bedingungslosen Liebe und Selbstliebe.

Mitgefühl und Liebe für uns selbst, und so dann auch Mitgefühl und Liebe für alle anderen!!! Wir müssen uns selbst lieben und zwar bedingungslos gründlich, gründlich und bedingungslos. Dann klappt es auch mit dem Rest der Welt.

Doch denken wir an die Angst, noch einmal ... und nur um diese besser zu verstehen, wissen wir auch was es ist, was uns in Mittelmäßigkeit gefangen hielt. Wir schauen uns die Angst einfach nur noch einmal unter dem Aspekt der Energie an. Dieser Energie, die uns an Mittelmäßigkeit, Begrenzung, Mangel, Schuld, Beschuldigung und an Opfer und Täterstrukturen bindet. Wir schauen uns diesen alten, verkrusteten Schlamassel ganz einfach nur nochmal an, nur um dieser Energieform, die unsere Lebenskraft aufsaugt, zu sagen, dass sie gar nicht wahr ist, dass sie samt ihren Kreationen und Illusionen eine perverse Lüge ist ... und perverser Weise immer schon war. Angst ist ein abstruses, graues und saugendes Gebilde, eine Energieform, die die Erde in Schach hält, noch ... und auch nur scheinbar, denn wir lernen ab jetzt hinter den Spiegel und durch ihn hindurch zu schauen.

Die Lüge, die Illusion der Angst kann nur durch Transparenz, Transformation, Transmutation und Transzendenz in, und später dann auch simultan um uns herum überwunden werden.

Dann können wir mit Bestimmtheit sagen: „Angst, dich gibt es nicht, du bist eine Illusion. Ich bin wirklich und ich gebe dir, den Monstern der Vergangenheit, der Mittelmäßigkeit, dem Zwerg in mir und den Zwergen um mich herum, der Perversion der Angstlüge und dieser gesamten „alten, dahin vegetierenden Welt" keine Macht."

Das Schneebrett

Wie man von der Theorie des „Schneebrett - Fahrens" die Wahrheit über den richtigen Fokus lernt, erscheint zunächst erstaunlich.

Doch wie überzeugend einfach es klingt, lässt die tiefe Wahrheit dahinter erkennen.

Es ist beim Snowboard - Fahren bekannt, dass das Brett dorthin fährt, wohin wir gerade schauen. Wenn wir dabei ein Hindernis angstvoll fixieren, fährt das Brett direkt auf das Hindernis zu.

Wir müssen also auf die „freie Bahn", den Weg und das Ziel schauen, um darauf zu zusteuern.

Es ist klar, was das bedeutet, wenn wir dies auf unser Leben anwenden.

Sinnvoll ist es, das Hindernis zu sehen, aber nicht zu fixieren. Fixieren sollten wir unsere Zielrichtung. Das heißt die Konzentration, die konzentrierte Energie richtet sich auf unser Ziel.

Wenn wir eines Tages ohne Widerstände sein wollen, leisten wir den Widerständen am Besten keinen Widerstand mehr.

Das heißt manchmal auch, wenn wir Widerstände erkannt haben, dass wir sie einfach sein „lassen". Damit entziehen wir dem Widerstand die Energie und lösen unser Bewusstsein von dem Widerstand ab.

Aus besserem Wissen heraus richten wir nun die Konzentration, die Energie, auf unser Ziel, auf unsere Vision.

Dazu müssen wir uns ganz genau konzentrieren, und zwar auf jeden Schritt, sei er auch noch so unbedeutend und klein, denn er führt uns eines Tages ans gewünschte Ziel. Wenn wir glauben, dass wir schon am Ziel wären, ohne die Schritte gesehen zu haben und gegangen zu sein, verlieren wir unser Ziel wieder aus den Augen und sind vom vielen Schnee geblendet.

Widerstände in uns lösen sich, tauchen an die Oberfläche und machen sich bemerkbar, wenn die Zeit dafür reif ist.

Das Feuer, der Funke aus unserer Seele entzündet in uns die Entscheidung und die Verantwortung für das eigene Leben. Das ist das essentielle Ziel, das alle anderen Ziele mit einschließt. Dies lässt sich leicht übersetzen.

Wenn wir unsere Gedanken, unsere Perspektive mit dem Ziel verbinden, gleiten wir über den Schnee, aber machen gerne auch die kleinen Schritte auf unserem Weg und fliegen in unseren Träumen und Visionen noch größeren Zielen und Herausforderungen entgegen …

Letztendlich müssen wir unsere Träume in den „Fluss" und durch die Materie hindurch bringen.

Für den Geist, den Gedanken, die Idee, die Vision, den Wunsch, den Traum stellt die Materie, die Welt der Gegenstände und Ereignisse zunächst einen Widerstand dar.

Dies ist unser aller Prüfstein.

Oftmals verlassen uns unsere Visionen, Träume und Ziele einfach nur, weil wir Angst vor den Widerständen haben. Die vielen „Wenn's, Dann's, Warum's" lassen uns kleinmütig scheitern.

Zum Gespött gesellen sich dann noch die vielen anderen, die schon gelernt haben über Ihre eigenen Träume zu lachen. Es geht hier aber darum nicht aus Angst vor Widerständen kleinmütig zu werden, Angst zu haben, sondern vielmehr die „Kunst des Schneebrett – Fahrens" anzuwenden. Das heißt, die Hindernisse und Stolpersteine erkennen, sehen, sie aber nicht zu fokussieren, sondern unseren Fokus auf unser Ziel, unsere Vision zu richten. Nur so nimmt der Geist, die Idee, der Gedanke, die Vision, die Schöpfung Gestalt an.

TRANSFORMATION und TRANSMUTATION

Damit uns unsere schließlich manifestierte Vision, unsere selbst erschaffene Welt auch wirklich gefällt und das fortwährend, bis wir eine noch bessere Vision und einen noch besseren Plan entwickeln können, müssen wir uns, wir als Menschheit im Ganzen betrachtet, verwandeln. Verwandlung, loslassen, erneuern, verbessern ist die neue und flexible Struktur, die wir erst noch erschaffen müssten ... eine feurig – fließende Struktur. Feurig – elektrisch, inspirierend und reinigend auf geistig – mentaler Ebene und reinigend, fließend und loslösend, erlösend auf emotionaler Ebene. Diese Form der Erneuerung und Heilung erreicht schließlich auch unsere direkte Erfahrung auf materieller Ebene, auf festem Grund und Boden und in unserem direkten Erleben, in unserem individuellen, persönlichen Leben. Hier kommt der Begriff der Transformation und Transmutation ins Spiel ... ins „Spielfeld".

Transmutation ist die Fortsetzung der Transformation auf zellularer Ebene.

Das heißt, dass wir uns bis in die Zellen unseres Körpers hinein verwandeln. Folglich werden sich unsere Körper immer mehr verfeinern, sie werden immer mehr Licht, Liebe und Kraft. Wir gestalten uns selbst bis in die scheinbar feste Form hinein, und wir verwandeln uns selbst und unsere Umwelt, sowie auch alle „anderen festen Formen"... in einem Atemzug.

Ich gehe in diesem ganzen Zusammenhang davon aus, dass der Begriff der Transformation, der geläufigere ist, und dass wir uns im Großen und Ganzen darüber klar sind, dass dieser Begriff wirklich auch einen Verwandlungsvorgang beschreibt. Jedoch auch die Transmutation setzt sich auf unserer körperlichen Zellebene verwandelnd fort und beeinflusst so dann auch den so genannten festen Stoff.

Wie wir vielleicht alle schon gehört haben, ist „in" unseren Zellen Licht, Bewusstsein. Bewusstsein steuert und beeinflusst Materie.

Dieses Licht ist aber in unseren Zellen „eingeschlossen". Licht ist also Bewusstsein. Licht ist Feuer, Elektrizität. Das Licht, das hier gemeint ist, ist ein Feuer und eine Elektrizität höherer Rangordnung, Bewusstsein eben.

Bei den meisten Menschen schläft diese Kraft hinter einer dicken Wand aus blockierenden und steuernden Verhaltensmustern, Zwängen, Neurosen und Illusionen.

Transformation und Transmutation ist also Bezeichnung für Umwandlung oder Verwandlung. Umgewandelt werden hier alle möglichen Arten von Energieformen. Wobei man bedenken muss, dass alles Energie ist. Materie ist verdichtete, schwingende Energie. Seele ist Energie. Geist ist Energie. Gedanken und Gefühle sind Energie. Auf höherer Daseinsebene, also in verfeinerter Form ist alles immer noch untrennbar miteinander verbunden.

Ein ganz einfaches Beispiel für einen Transformationsvorgang, eine „Verfeinerung", ist die Schmelze von Eis in der Sonne. Ein Energiezustand wird durch Einwirkung einer Kraft (Sonne), die ihrerseits auch Energie ist, in einen anderen Energiezustand verwandelt. Das heißt, danach ist das Eis Wasser.

Auf die Evolution des Menschen bezogen, wird die Sache umfangreicher.

Unsere große Transformation und Transmutation findet logischerweise auf mehreren Ebenen statt.

Doch um die hauptsächliche Transformation und Transmutation zunächst überbegrifflich zu verstehen, reicht vereinfacht, wenn wir die Verwandlung des Egos, des gefühllosen und geistig noch begrenzten Selbst in die Energiewelten der Seele verstehen. Ego, Seele und Selbst dienen hierbei nur als Symbole für das, was wir noch nicht ganz wirklich nach vollziehen können.

Paradoxerweise entdecken wir irgendwann, dass uns das Ego assistiert Seele zu werden, obwohl es uns auch genauso sehr den Weg versperrt. Dieser Transformationsvorgang ist eine „Überlistung" oder vielleicht besser, eine Überwindung, ... am Ende überwindet die Seele das Ego.

Haben wir unsere Selbstsucht und Verblendung samt dem Ego, dem falschen Ich durchschaut, fangen wir unweigerlich an das wirkliche Selbst zu suchen, zu finden und zu sein. Das Selbst ist versteckt hinter einem Schleier von Illusionen.

Illusionen kreieren Vorstellungen von unseren vielen, verschiedenen Ich's, unseren Ich's, den anderen Ich's und auch Illusionen über den „Wert der Welt der Dinge".

Das Ego hat sich mächtig gemacht auf Kosten der Seele, jedoch ist das wirkliche Ich bei uns allen immer noch vorhanden.

Es ist hinter und weit jenseits der Schleier, Mauern, Muster, Wunden, Zwänge und Illusionen. Lassen wir das Eis unserer musterhaften Zwänge und Neurosen schmelzen durch das Feuer unserer Seele, dann tritt das in Kraft, was wir als Transmutation bezeichnen können. Die Seele beginnt durch den Körper „hindurch" zu wirken. Das Ego schmilzt in der entfachten Liebesglut der Seele. So wirkt sie dann ein in die Welt der Dinge.

Verschwindet unser Konstrukt aus falschen Selbstbildern nun endlich, und alle falschen Iche immer mehr, so hat das eigentliche und selbstsüchtige Ego irgendwann keine Macht mehr.

Wenn wir diese Kernschmelze(n) „überleben", und das können wir, dann sind wir eine Person, die die Wunde, sowie das Ego überwunden hat. Eine Person, die fortan nur noch als Seele lebt ... und überhaupt erst jetzt, fangen wir an zu verstehen, zu spüren und zu fühlen, was LEBEN wirklich bedeutet.

Um den Vorgang der Transmutation etwas genauer zu erläutern, muss erwähnt werden, dass sich das Licht in unseren Zellen durch Erkenntnis „befreit", und dass wir beginnen mit unserem Licht zu leuchten, zu brennen. Wir wandeln dann Schritt für Schritt, rhythmisch auf einem feurigen Pfad.

Eine Kampftechnik ist hierbei, gegen Illusionen nicht zu kämpfen. Sie platzen von alleine, wie Seifenblasen, und sie dienen dir und mir nur so lange, bis du und ich mehr und mehr erwacht sind. Wenn du Illusionen entdeckst, ist ein großer Teil der Arbeit schon getan. Bekämpfst Du sie aber, wenn du sie entdeckt hast, ergeht es dir so wie Herkules, der der Hydra den Kopf abschlägt, und an gleicher Stelle wachsen neun neue Köpfe nach. Das sollte man nicht außer Acht lassen.

Die Illusionen werden durch das „Licht der Erkenntnis" in deinen Zellen von alleine verwandelt, transformiert. Dabei transmutierst du. Schließlich siehst du klarer, findest neue, bessere Visionen für die Zukunft, und die Illusionen ersetzen sich durch REALITÄTEN, höhere geistige Wahrheiten und verfeinerte Einsichten.

Das Erkennen universeller Gesetze setzt langsam aber sicher ein, und zeitigt auch bessere Resultate in Form von Handlungen, Handlungen, die wir dann erst vornehmen können auf dem Bauplatz des Lebens.

Alles

Flüchte, flüchte schnell vor den Alltagsgrimassen
Auf das uns niemand sieht mit grauen Augen ohne Glanz.

Hier hinten findest du meinen Körper.
Mein Körper ist für den Weltengeist geöffnet
und ich bin ganz und gar da drin.
Hier lerne ich spüren, dich zu spüren ... ganz und gar.

Wir sind Essenzen und füllen unser kleines Hirn mit All ...
Es ist alles, was ist und wir fühlen alles Wissen ... ganz und gar.

Seele

Kristallkugeln zerknirschen und es schallt:

„Halte meine Seele, denn es kommt ein Sturm …
„Lass mich in diesem Leben auch von meinem und
deinem Tode trinken"…

„Wenn wir sterben, sterben alle die da sind,
im Moment der brüderlich – schwesterlichen Hüllen."

„Halte süße Früchte augenblicklich in die Unendlichkeit."

Kampfesschreie – Kampfesschreie hinter grauen Mauern,
„Kampf, Kampf um die Seelen!"

NACHSPANN

Ich nehme mich weg, heraus aus dem Ganzen und gebe mich hinein in ein Anderes ... entdecke Offensichtliches, offen und sichtlich.

Kurz bin ich gekommen und werde lange gehen – fortgehen.

Ich begleite im weißen Kleide – mich – und sehe die Flecken, die roten, triefenden Flecken ... Ich erinnere mich in kreisenden Krisen.

Ich wurde darauf hingewiesen.

Der Spuk ist vorbei, ich habe ihn hinfort begleitet in diesem weißen Kleide mit den roten, triefenden Flecken.

Ich folge dem Ruf der Zaubersprüche, die sich in mir von innen nach außen entfalten ... und ich verlasse alte Hüllen, um das ganze Licht zu sehen. Ungeblendet laufe ich im Rhythmus meines Pulses in diese endlose Stille, um diesen einen Gesang zu hören, der mich enthebt in dieses Endlose, ganz egal wo sich meine Hülle gerade befindet.

„Ist es nicht erstaunlich?" ... fragt der Hüter der Schwelle ... denn es geht doch viel schneller als du denken kannst."

Es ist so sehr einerlei in dieser Freiheit, die angefüllt ist mit Liebe ohne Form, ohne Angst. Mein Empfinden ist der Fahrplan, nein ... die Flugroute für später.

Das Alte, die Vergangenheit sind die Geschichten für das „große Meer" aus dem sie hervor gegangen sind, untauglich nun, kehren sie zurück, um ihre Kraft in verfeinerter Form zu spenden.

Jetzt geht es darum, wer wir nun werden.

Folge dem Ruf ... folge dem Pfad.

Von weitem sind wir uns so nah gewesen. Nah war die Luft zum Schneiden ... ins Herz geschnitten, kurz gelitten ... und dann hinein katapultiert in die weite Ebene, in die Ferne. Scheinbar allein geblieben, stehe ich da ein rotes Rinnsal an meinen Füßen beobachtend.

Ein kleiner, roter Fluss zur Orientierung auf einem sehr langen Weg.

„Habe Mut ..."... schreit der Meister der inneren Werte mir zu.

"Heraus aus dieser beobachteten Stille mit Rinnsal – rot.

"Habe Mut, habe Mut und gehe hinaus, laufe der schneidenden Luft und dem Schmerzensdruck davon, ins weite Feld hinein und sage leise DANKE ... weil ich dich lebend entrücke und dich neu bestücke ..."

DANKE

Constanze Bretthauer

Künstlerin / Lehrerin / Spirituelle Begleitung

Sehr frühe und sehr intensive synästhetische Erfahrungen haben mich dazu gebracht, mich schon in jungen Jahren für spirituelle Themen zu öffnen. Synästhesie ist ein Begriff für eine bestimmte Form von Hypersensitivität. Basierend auf den damit verbundenen Erfahrungen und neben unterschiedlichen, künstlerischen Ausbildungen begann ich auch etliche Weiterbildungen auf spirituellem Gebiet im Zusammenhang ganzheitlicher Heilung und Transformation.

So habe ich unter anderem ein Studium in den Zeitlosen Weisheitslehren an der Torkom Saraydarian University USA bei Gita Saraydarian durchlaufen. Auf meinem persönlichen Weg erlebe ich immer wieder wie wichtig das uns innewohnende manigfaltige, kreative Feuer ist. Es ist eine schöpferische, transformierende, heilende und manifestierende Kraft und sie ist in uns allen. Die Kunst besteht darin diese Kraft freizusetzen über den Magnet unseres Herzens.

- Zahlreiche Gemäldeaustellungen
- Spirituelles Studium / Torkom Saraydarian University USA
- Erfahrung im Kunst- und Ethikunterricht an verschiedenen Schulen
- Leitung von kreativen Workshops
- Leitung von Malworkshops
- Leitung regelmäßiger Mal-, Meditations- und spiritueller Studienkurse
- Begleitung in Einzelsitzungen
- Seminare zum Themenkreis „Zeitlose Weisheitslehren"
- Vorträge

Ich verbinde Kreativität, Spiritualität, Heilung und Transformation in meiner Arbeit als Künstlerin und im Führen durch den Prozess der Transformation und Selbstheilung. Transformation und Selbstheilung ist das Loslassen von alten Überzeugungen, Glaubenssätzen, alten Wunden und Schmerzen, Vorstellungen, Automatismen und begrenzten Selbstbildern. Dies befähigt uns schließlich die Energie von Krisen und Konflikten in Chancen zu verwandeln, und setzt unsere innere, kreative Kraft frei. Wir verlassen die Irrungen und Wirrungen unseres Lebens und beenden das Dasein als Opfer und Sklave von seelenlosen Konstrukten ...

In aller Ehrlichkeit, auch wenn es sehr schmerzhaft ist, Krisen sind wichtige Stationen in unserem Leben, die uns wachsen lassen. Gerne verweigern wir uns, wenn Krisen und Konflikte aus dem Schattenbereich unserer Seele hervortreten. Jedoch es hilft nichts, denn so verzögern wir nur den Prozess, hinein in ein besseres Leben. Nach Krisen kommen Durchbrüche und so erweitern wir unser Bewusstsein und verfeinern unser Wesen. Unsere Seele, unser Selbst hält Stillstand nicht aus. Wenn wir glauben in unserer Entwicklung schon am Ziel zu sein, beginnt unser innerer Kern auszutrocknen und zu sterben ... oder aber wir stellen uns der Schlacht, einem Ritt durch die ganz eigene Hölle ... wenn nötig!

Verweigern wir uns aber diesen Konflikten und inneren Kämpfen, vergehen wir bevor wir aufblühen konnten. Unser wahres Wesen ist gleich einer Lotusblüte, die ihre Wurzeln im Schlamm hat, die immer weiter wächst, alle Hindernisse überwindet und sich weiter und immer weiter hin zu einem feurigen Licht wendet, bevor unser Wesen mit diesem Licht ganz und gar verschmilzt. Diese Sehnsucht ... diese Sehnsuche hat mich mein ganzes Leben lang angetrieben, wachsen und straucheln lassen, malen, arbeiten, anleiten, führen, schreiben und nun auch mein Geschriebenes veröffentlichen lassen.
Auch möchte ich auf diesem Wege meiner „inneren Führung" danken, all meinen Lehrern und meiner ganzen Familie, all meinen Freunden und auch meinen Feinden, all denen möchte ich danken, die mich bis jetzt begleitet haben ...

Ich wünsche jedem, dem dieses Buch in die Hände fällt, von ganzem Herzen, dass er seine Krisen nicht vermeidet, dass er aufrichtig, erhoben Hauptes durch dieses Feuer geht und dem Ruf seiner Seele folgt ...

Ich wünsche uns allen, auch wenn wir manchmal zu stolz sind uns von anderen, sichtbaren und unsichtbaren Helfern, führen und helfen zu lassen, die innere Größe im richtigen Moment auf die Knie zu gehen …
von Herzen auf die Knie gegangen, Constanze

Constanze Bretthauer
Hausbergstr. 23
61231 Bad Nauheim
Tel 06032 / 94 97 363
mobil: 0174 /47 47 838
www.constanze-bretthauer.de
constanze.bretthauer@t-online.de

Vorankündigung über die Herausgabe eines Handbuches zur Selbsttransformation mit dem Titel

Der »Zeitlosen Weisheit« folgen …
Was heißt das?

Voraussichtliche Neuerscheinung 2016

Autor: Constanze Bretthauer

MIX
Papier aus verantwortungsvollen Quellen
Paper from responsible sources
FSC® C105338